Elisabeth Müller M/82

W0012491

Argumentationen Band 21

Für unseren Frauenarbeitskreis
und alle anderen

ARGUMENTATIONEN werden vom Prolit-Kollektiv im Prolit-Buchvertrieb herausgegeben. Die Reihe dient der Diskussion von Problemen aus allen Bereichen der Gesellschaftswissenschaften und der aktuellen Politik. Arbeiten zur Soziologie, Ökonomie und Wissenschaftstheorie, zu empirischen und historischen Themen, die zur Kritik und Fortentwicklung der sozialistischen Theorie und zur Verbesserung der politischen Argumentation und des politischen Handelns beitragen, bestimmen das Bild der Reihe. Ein besonderes Augenmerk gilt der materialistisch-dialektischen Position in den Natur- und den Kommunikationswissenschaften sowie experimentellen Formen in Wissenschaft und Philosophie.

Das Kollektiv stellt die Reihe ARGUMENTATIONEN den Autoren und Gruppen, die politisch und auf den angeführten Gebieten arbeiten, zur Verfügung und bittet sie um die Einsendung ihrer Manuskripte. (Nicht angenommene Manuskripte werden zwar nicht immer kommentiert, aber stets zurückgeschickt.)

Prolit-Buchvertrieb GmbH
63 Gießen/L.
Dammstraße 11
Postfach 29 69

Elisabeth Gugel

Sexualität und Identität der Frau

Zur Kritik der psychoanalytischen Auffassung
von der weiblichen Sexualentwicklung

Focus-Verlag

Graphik Design: Dieter u. Ursula Gielnik, Wiesbaden.

CIP-Kurztitelaufnahme der Deutschen Bibliothek
Gugel, Elisabeth
Sexualität und Identität der Frau:
zur Kritik d. psychoanalyt. Auffassung von d. weibl.
Sexualentwicklung
(Argumentationen; Bd. 21)
ISBN 3-920352-30-0

© by Focus-Verlag Gießen, 2. Aufl. 1976
Alle Rechte, auch das der photomechanischen Wiedergabe
(Mikrokopie und Fotokopie) vorbehalten.
Druck: Offset-Köhler KG, Gießen

ISBN 3-920352-30-0

"Man meint, daß die Frauen zu den Entdeckungen und Erfindungen der Kulturgeschichte wenig Beiträge geleistet haben, aber vielleicht haben sie doch eine Technik erfunden, die des Flechtens und Webens. Wenn dem so ist, so wäre man versucht, das unbewußte Motiv dieser Leistung zu erraten. Die Natur selbst hätte das Vorbild für diese Nachahmung gegeben, indem sie mit der Geschlechtsreife die Genitalbehaarung wachsen ließ, die das Genitale verhüllt. Der Schritt, der dann noch zu tun war, bestand darin, die Fasern aneinander haften zu machen, die am Körper in der Haut staken und nur miteinander verfilzt waren. Wenn sie diesen Einfall als phantastisch zurückweisen und mir den Einfluß des Penismangels auf die Gestaltung der Weiblichkeit als eine fixe Idee anrechnen, bin ich natürlich wehrlos".

(Sigmund Freud, "Die Weiblichkeit", S. 563)

INHALTSVERZEICHNIS

Seite

ZUR HERAUSGABE

Anstelle einer Legitimation oder einer politischen Standortbestim-
mung möchte ich die Entstehungsbedingungen dieser Arbeit skizzieren, die aus unserem Frauenarbeitskreis hervorgegangen ist. Die
Arbeit liefert keine Handlungsanweisungen oder Einschätzung der
Psychoanalyse hinsichtlich einer Politik der Frauenbewegung, sondern stellt eine systematische Aufarbeitung eines Problemkreises
dar, der uns im Frauenarbeitskreis beschäftigte: eine Theorie der
weiblichen Psyche abzustecken, die uns helfen sollte zu begreifen,
wie sich gesellschaftliche Zuschreibungen der Frauenrolle bis in
unsere individuelle Erfahrungsdimension und in unser Selbstver-
ständnis hinein umsetzten.

Im Oktober 1972 beschlossen wir (7 Frauen, später kamen noch
einige hinzu), nicht zuletzt aufgrund des hartnäckigen Bohrens von
B., unsere Situation kollektiv zu diskutieren. Dem ging voraus,
daß wir uns alle schon längere Zeit kannten, in je verschiedenen
Kommunen $^{1)}$ lebten und alle der gleichen (oder sehr ähnlichen)
Problematik ausgesetzt waren: jede hatte eine mehr oder weniger
konfliktreiche Zweierbeziehung $^{2)}$, die nahezu den einzigen Bezugs-
punkt darstellte und die, wenn nicht mehr bewältigbare Konflikte
auftauchten, zum Kommunikationsgegenstand zwischen uns Frauen

---

1) Die Kommunen waren ihrerseits dadurch zustandegekommen,
   daß alle Mitglieder einst eine gemeinsame politische 'Organisation' antiautoritären Charakters gegründet hatten und in, der
   Intention nach, informeller Verbindlichkeit in den verschiedenen Instituten (Fachbereichen) antiautoritäre Aktivitäten (Agitation und Politik) durchzusetzen versuchten. Die 'Organisation' als solche zerbrach, der Diskussions- und Wohnzusam-
   menhang blieb zum großen Teil bestehen. Die 'Geschichte'
   dieser Organisation steht allerdings auf einem anderen Blatt,
   ihre Existenz jedoch gehörte mit zu den Entstehungsbedingungen unserer Frauengruppe.
2) Die meisten von uns waren zu verschiedenen Zeiten mit den
   gleichen Männern befreundet, manchmal auch simultan - es
   handelte sich sozusagen um Inzucht höherer Ordnung.

wurde. Ansonsten entsprach die Kommunikation zwischen den Frauen intimen Nichtbeziehungen. Diese Art der Kommunikation hatte ihr Gegenstück in den jeweiligen Liebesbeziehungen: wir Frauen waren zum großen Teil emotionales Kopfkissen und intellektuelles Abziehbild unseres Freundes, der sich politisch artikulierte - gewollt oder ungewollt stellvertretend für uns selbst - wir hängten uns an diese Identität an. Was innerhalb der Freundschaften ablief, vor allem im 'Liebesleben', erlebten wir Frauen fast durchgängig als extremen Spannungen ausgesetzt.

Aus der genannten Situation resultierte zunächst als unsere Zielprojektion, Beziehungen unter uns autonom und authentisch (unabhängig von den Beziehungen der Männer) zu gestalten und gemeinsam unsere 'Identitätsschwierigkeiten' zu bearbeiten. Zunächst wollten wir kollektiv unsere Sexualität/Emotionalität durchleuchten - unserer Meinung nach hingen unsere mangelnde Artikulationskraft und Produktionsvermögen, unsere Identitätsschwierigkeiten zusammen mit all den Ängsten und Konflikten, die eine in Zweierbeziehungen praktizierte sexuelle und Alltags-Kommunikation uns bisher erfahren ließ [1]. - Kurz, wir wollten gemeinsam lernen, uns kraft unserer eigenen Person zu definieren und zu erfahren, nicht als Freundinnen unserer Freunde weiter unser Dasein fristen.

Autonome Identität herzustellen, hieß für uns, die erlebte Spaltung von Intellektualität und Sexualität aufzuheben: unsere intellektuelle Identität erfuhren wir als auf unserer Geschlechtsidentität basierend, letztere aber war eine der Abhängigkeit. Sowohl intellektuell als auch sexuell wollten wir eigene Bedürfnisse und Notwendigkeiten aufbauen.

Da Sexualität uns als Zentrum von Identitätsbildung und Realitäts-

1) Diese Einschätzung war Resultat unserer vorherigen antiautoritären Position, d.h. kollektiver Diskussionsprozesse solcher Thesen, wie sie in Reiches 'Sexualität und Klassenkampf' auftauchen, sowie der Beschäftigung mit den Schriften Wilhelm Reichs und Herbert Marcuses.

erfahrung galt, diskutierten wir das Konzept weiblicher Sexualität anhand Freuds Aufsatz 'Über die weiblichen Sexualität' und der Kritik Freudscher Konzeption anhand eines Aufsatzes von A. Albus 'Neue psychoanalytische Theorien der weiblichen Sexualität'. Am Penisneidtheorem wurde uns der gegenseitige Bedingungszusammenhang von sexueller und intellektueller Identität deutlich, aber auch problematisch:

- Auszug aus dem Protokoll vom 4.3.73:

"In der Analyse des Penisneides wird unmittelbar zugänglich die Erfahrung von Ersatzbildung des Bewußtseins, wenn die Erkenntnis der vollen Realität verwehrt ist: die primären Erfahrungen des Mädchens sind gefiltert durch ihre Beziehungen zur Mutter, d.h. durch ein System analer, kastrierender Körperkontrolle, das genau jene Erfahrungen einfriert, die den eigenen Körper, das eigene Geschlecht betreffen. (...) mangelhafte Aneignung, d.h. Subjektivierung der eigenen Körperorgane schlägt um in Erkenntnisersatz: in die Symbolisierung des unzugänglichen in dasjenige Geschlecht, 'das man nicht hat'".

Wir versuchten, die psychoanalytische Interpretation an unseren eigenen Erfahrungen zu messen, indem wir unsere Sozialisationsgeschichte als Interpretationsrahmen für unsere aktuellen Beziehungen und Identifikationen benutzten. Unsere Erfahrungen hielten wir für erklärbar und maßgeblich beeinflußt durch die wirksame Repräsentanz dieser Mutter (aber auch Vater) - imago und wir wollten jene kastrative Selbsterfahrung, die unsere Identität als Frau ausmachte, aufheben durch den Aufbau eines positiven Frauen-(Mutter)bildes:

- Auszug aus dem Protokoll vom 18.3.73

"Um zu überzeugen, daß man nicht kastrieren will, muß man mehr hergeben, als man vielleicht will, muß man sich entfremden. Der dadurch drohende Selbstverlust wird unterbunden durch Einkapselung, Narzißmus ... oder: Die ständige Bereithaltung, das Signalisieren einer offenen Vagina, der Kampf gegen die Kastrationsangst muß ständig zeigen: ich bin nur ein Loch; das läßt zwar den Mann aus sich herauskommen, aber die Anerkennung des vaginalen Selbst bleibt aus. Man selbst bleibt als Entfremdetes zurück ... Die Maskerade als Loch kann aufgebrochen werden: Einmal durch die Einforderung, den infantilen Identifikationsprozeß mit der Mutter und die daraus entstandenen Projektionen beiderseitig aus ihrer Verdrängung zu heben, das Bild der Mutter positiv umzustrukturieren, indem die analen Anteile, um die sie kastriert wurde (intellektuelle Ordnungsprinzipien, autonome Strukturierung von Bedürfnissen), und die sie dadurch selbst zu einer bösen, insuffizienten Mutter machten, wieder eingeholt werden dürfen; zum anderen, indem die Gestaltung einer positiven Mutterimago den Prozeß einer Neukonstitution der Vagina einleitet, die das Versprechen einer gelungenen Sexualität enthält, die beide bereichert (Mann und Frau). Das hieße, psychoanalytisch, die Überwindung der Ödipussituation, die die Frau, laut Freud, im Grund nicht hat verlassen können".

Als Möglichkeit, dieses positive Bild als unsere Identität zu realisieren, betrachteten wir die Stabilisierung des kollektiven Wunsches, uns aus der Ambivalenz des Wünschbaren zu befreien, d.h. wir wollten 'Frausein' ohne die negativen Implikationen des Frauseins.

Dieses Bild versuchten wir konkret umzusetzen, indem wir gegenseitig unsere Art der Konfliktverarbeitung kritisierten. Zum Teil kam es aufgrund von 'Übertragungssituationen' zu affektiven Ausbrüchen, was nachträglich zu der Auffassung berechtigen kann, es habe sich in dieser Phase unseres Arbeitskreises um Formen eines psychoanalytisch-therapeutischen Prozesses gehandelt:

- Auszug aus dem Protokoll vom 19.5.73
"M. findet gut, daß ihr in der Gruppe eine völlige Offenheit mög-

lich ist. (...) Diese Offenheit ist aber B. zufolge zunächst qualitativ nichts konkretes, sondern eher Diffusität und Flüchtigkeit, dagegen fordert sie stringente konzentrierte Libido, die ... zur Darstellung gelangen soll darin, wie sich die einzelnen zur Gruppe bestimmen...

Aber diese konzentrierte Libido konnte sich beispielsweise zwischen B. und M. nicht herstellen. B. meinte, daß sie M. abwehre, oder abwehre, an M. soviel libidinöse Energie festzumachen, wie M. eigentlich brauche; das schaffe sie, B. nicht [1]. (Es ist aber weder möglich noch nötig, die Szene, die darauf folgt, zu protokollieren, weil sie auch schon Neues zwischen B. und M. freigesetzt hat ..)".

Es handelte sich jedoch bei unserer Art der Diskussion keineswegs um das, was man heutzutage als 'Selbsterfahrungsgruppe' bezeichnen würde, arbeiteten wir doch zugleich an Texten, die es uns ermöglichen sollten, unser je individuelles Leiden an unserer Erfahrung als Frau zu begreifen als Reproduktion von Strukturen weiblicher Psyche, die, gesellschaftlich und familial vermittelt, auch uns zukamen: auf dem Boden des psychoanalytischen Ansatzes, versuchten wir diesen fruchtbar zu machen für eine Interpretation unserer Erlebnisweisen, in denen sich systematisch das Empfinden einer Gespaltenheit durchzog: als Frau nicht Individuum zu sein und als Individuum nicht Frau. Wir versuchten, die gesellschaftliche (d.h. auch überindividuelle) Tatsache und Bestimmung des Frauseins bis in unsere individuelle Erlebnisdimension hinein zu verfolgen:

---

1) Zwischen diesem und dem nachfolgenden Satz spielte sich eine 'Übertragungssituation' ab: M. erzählte eine Situation ihrer Kindheit, die eben zeigte, daß M. 'libidinöse Zuwendung brauchte', und von B. mit der oben protokollierten Deutung der aktuellen Situation aus M.'s Kindheitserfahrung begegnet wurde. M. brach in Tränen aus, was jedoch, als 'nachträgliches Freisetzen von gebundenen Affekten' in einem quasi-analytischen Prozeß die Beziehungsfeindlichkeit zwischen B. und M. teilweise auflöste.

- Auszug aus unserem Protokoll

"Die Inferiorität der Frau, die Unvollkommenheit ihrer Existenz
- die Vollkommenheit des Mannes, gefaßt im Phallus als Symbol
der Vollkommenheit ist eine Erlebnisweise der Frau, die sich in
den meisten ihrer Handlungen ausdrückt; direkt oder indirekt zielen ihre Handlungen auf den Mann, oder werden, gewollt oder ungewollt, bewußt oder unbewußt, qua kultureller Maßstäbe, auf ihn
bezogen" 1).

Es ging uns um eine Befreiung aus dieser Unvollkommenheit, die
vor allem in der Problematik der Zweierbeziehungen zum Vorschein kam, erfuhren wir doch, daß in unseren Freundschaften
die gesellschaftlich präformierte Beziehung zwischen den Geschlechtern unbewußt wirksam war (z.B. Abhängigkeits- und Autoritätsver-
hältnisse). Jedoch wollten wir nicht uns selbst befreien, um die
Unvollkommenheit hinter uns zu lassen, wir wollten nicht nur
Emanzipation der Frau, sondern Befreiung der Geschlechter. Zwischen der Zielprojektion und ihrer praktischen Machbarkeit erga-
ben sich Konflikte.

- Auszug aus unserem Protokoll:

"Das Problem ... wurde von J. von einer anderen Seite her auf-
gegriffen: als Schwierigkeit, daß in der Gruppe unsere Erfahrung
mit Männern nur nach der Seite der Unterdrückungserfahrung hin
ausgeschöpft wird, was dann in unseren jeweiligen Beziehungen und
Situationen mit Männern uns (mehr oder weniger) hilflos läßt. Den

---

1) Freud's Psychoanalyse diente uns als Theorie dieser psychischen Realität, d.h. dieser individuell von uns erfahrbaren
   Erlebnisdimension. Die Kritik an dieser Realität, bzw. die
   Umgestaltung der Realität hatten wir selbst zu leisten. Ein
   Schritt in dieser Richtung war der Versuch, die Geringachtung
   unseres eigenen Geschlechts, die wir vom Mann übernommen
   hatten, in uns selbst aufzulösen, d.h. positive Vorstellungen
   des Frauseins kollektiv zu entwickeln, und uns gegenseitig als
   Subjekte voll zu nehmen. (siehe Auszug aus dem Protokoll
   vom 18.3.)

deformierten Bedürfnissen der Männer kann bis jetzt nur mit wenig vermittelter Kritik oder gar Abwehr begegnet werden. Teils, indem man die jeweilige Person mit der Deformation indentifiziert und damit eben auf diese Deformation reduziert, teils indem man unsicher, wenig selbstbewußt, in einer Art von Gefühlsambivalenz ... reagiert. Können wir als Gruppe vermittelte Kritik leisten oder ist das zunächst Sache jeder Einzelnen (in ihrer Beziehung zu Männern)?"

Diese Schwierigkeit, das, was wir in der Gruppe erfuhren, in unseren sonstigen Zusammenhängen nicht umsetzen und realisieren zu können, brachte uns an einen Tiefpunkt, wo sich das Gefühl herstellte, nicht 'weiterzukommen'. Wir meinten, uns im Kreis zu drehen und empfanden, daß der Frauen-Arbeitskreis ein enormes Maß an 'Affektenergie' schluckte, ohne daß sich diese 'libidinöse Besetzung', realisierte: wir warfen uns gegenseitig vor, den Arbeitskreis nicht wichtig genug zu nehmen, unseren Zweierbeziehungen oder Studienerfordernissen Priorität zuzugestehen usw. - Im Nachhinein stellt sich dieser Sachverhalt so dar, daß wir die konkreten Subjekte für objektive Schwierigkeiten in zu großem Maße verantwortlich machten; (was objektive Schwierigkeit war, wurde den Subjekten als ihre Schwäche angelastet); daß es aber zugleich keine andere Möglichkeit gab, als so zu verfahren, wenn wir die für uns geltende Realität umfunktionieren wollten. - Wie wir uns bisher spontan aufeinander bezogen hatten, wurde plötzlich problematisch. Wir setzten eine Distanz, d.h. wir beschlossen, jeder sollte sein 'Verhältnis zu' der Gruppe zu bestimmen suchen und schriftlich niederlegen. Dieses in-ein-Verhältnis-zu treten drückt m.E. auch einen Versuch der Reflexion und Selbstreflexion aus, die das, was wir bisher unmittelbar an uns selbst diskutiert hatten, nochmal von höherer Warte aus einordnen sollte in einen übergreifenden Rahmen:

- Auszug aus einem der 'Verhältnis-zu'-Papiere (es entstanden
  nur zwei)

"allerdings hatte und habe ich ein schlechtes Gewissen, den (Frauen-
Arbeitskreis) fak zu funktionalisieren, habe die vorstellung, meine
motive müßten 'lauterer', sublimer, politischer sein ...
2) ich habe angst, ohne rückkoppelung, d.h. hier ohne korrektur-
und anpassungsmöglichkeit, über meine beziehung zu euch im einzelnen zu schreiben
3) ich bin unzufrieden, mit dem was ich geschrieben habe, weil
sich für mich nichts bewegt hat ... (Hervorhebung v. Hrg.)".

Mit dieser 'Verhältnisbestimmung' meinten wir, einen Konkretions-
schritt zu tun: hatten wir eine zeitlang versucht, die Problematik
im Verhältnis Mann - Frau zu durchleuchten und den von uns selbst
in diesem Verhältnis immer wieder reproduzierten Abhängigkeits-
und Autoritätsmechanismen auf die Spur zu kommen, so rückte jetzt
das Verhältnis Frau - Frau ins Blickfeld; damit auch die darin wirksamen Ängste (Konkurrenz usw.), uns gegenseitig nicht als Personen nicht voll zu nehmen, wie wir dies doch den Männern als
patriarchales Verhalten vorwarfen.

Es wurde offensichtlich, daß die Unlust, die es uns bereitete, unser
Verhältnis zueinander zu bestimmen, aus der Schwierigkeit, uns
'ernst' zu nehmen, resultierte; der Wunsch danach war stark, der
reale Bezug aber unerfüllt, leer. Diese Feststellung ermöglichte es
uns jedoch, kollektiv zu reflektieren, warum dies so war, aus dem,
was wir bisher gemacht hatten. Wir begriffen unsere bisherige Aktivität als das, was sie war, als praktizierte 'Innerlichkeit', kol-
lektive Nabelschau, die aber einen Lernprozeß und Erkenntnisfortschritt darstellte: nachdem wir die innerlichkeit bis zum Extrem
betrieben hatten, erkannten wir, daß dies ein Kernproblem weiblicher Existenz sein mußte: wir meinten dies daran festmachen zu
können, daß die Frau, den gesellschaftlichen Zwang internalisierend,
sich konzentriert auf den inneren Raum, das interieur häuslichen Le-

bens, Ehe und Familie und letztlich auf sich selbst (re-produktiv):
die einzige Möglichkeit, als Frau gesellschaftlich akzeptiert zu sein,
heißt für sie, ihr Geschlecht zu ihrem einzigen Gegenstand zu machen, d.h. heiraten und Kinder gebären. Für die proletarische Frau
bedeutet dies, der Existenz eines Mitglieds der 'industriellen Re-
servearmee' mit all den negativen Konsequenzen (niedrigerer Lohn,
Diskriminierung usw.), zu entfliehen; für uns intellektuelle Frauen
bedeutete es eine doppelte Innerlichkeit; die, die den Intellektuellen,
namentlich den 'Linken' insgesamt zukam: Abgeschnittensein oder
Selbstabschneidung von politischer Praxis nach Außen, die wir
Frauen für uns ebenfalls nicht erreichten. Weiterhin das auf sich
selbst Zurückgeworfen werden dadurch, daß wir Bereiche von Theo-
rieproduktion, d.h. geistiger Arbeit, als für uns verschlossen erfuhren.

Wir formulierten die Hypothese, daß die Innerlichkeit ein Basisproblem aller Frauen war [1], das je nach Klassenzugehörigkeit ein
anderes Gesicht trüge; das weiterhin die psychische Basis darstelle
für die permanente Reproduktion dieser Seins- und Bewußtseinsver-
fassung der Frau, sowie für ihre mangelnde Auflehnung. Diese Reproduktion und der Mechanismus, auf dem sie basierte, - Innerlichkeit zu betreiben, ohne zu wissen, daß wir das taten - erschien
uns in dem Maße auflösbar, in dem wir den Prozeß als solchen bezeichnen und durchsichtig machen konnten. Wir fühlten uns damit
in die Lage versetzt, Konsequenzen zu ziehen, im weiteren Verlauf
anders zu verfahren.

Auszug aus unserem Protokoll (2.7.73):
"Auseinandersetzung mit Innerlichkeit.
Ziele: Veränderung unserer Reflexionsform. Wir haben uns von und
nach innen begriffen. Wir müssen uns nach draußen begreifen -

---

1) siehe dazu auch S. de Beauvoir, 'Das andere Geschlecht';
   Beauvoir nennt diese Innerlichkeit die Erfahrung der Immanenz.

zum Produktionsprozeß, Verkehrsformen, Aufbrechen der Reproduktion von Masochismus. Wir müssen zu Reflexionen kommen, die
mehr verstehen als uns selbst, d.h. nämlich die Gesellschaftlich-
keit von uns selbst ...

Bisheriges und neue Möglichkeiten:

- Individuelle Stabilisierung (in-group) war für uns Voraussetzung
- sozialer Gehalt unserer Kritik wurde von uns bisher nicht ver-
  äußert
- Zustand der 'Kapitalidiosynkrasie', d.h. unmittelbare Repressio-
  nen haben wir vermieden.
- Agieren in uns rein bringt nichts ...
- wir müssen die Wirklichkeit aufsuchen - Wahrnehmung aufbauen -
  exemplarische Aktion?! - z.B. Aktion im Wartezimmer von
  Frauenärzten, Gespräche initiieren.
- Zulassen, daß man erst mal Scheiße redet (z.B. teach-in-Praxis)
  ...."

Wir versuchten, diese Überlegungen umzusetzen, d.h. tatsächlich
Neues zu machen, überlegten Möglichkeiten politischer Aktion - wie
ein Frauen-teach-in, eine Zeitung, an andere Frauen heranzutreten,
zu agitieren:

- Auszug aus unserem Protokoll (5.9.73)
"...

1) Der Nachvollzug unserer Geschichte ist wichtig, um Kriterien
für die Notwendigkeit dieses bestimmten Prozesses anzugeben, ohne
ihn sentimental zu affirmieren; d.h. also auch Vorgabe, Agitations-
material für andere Frauen.

2) d.h. weiter implizite Aneignung einer allgemeinen Sprache, Ver-
kollektivierung der Kategorien von Psychoanalyse, Politökonomie
etc.....

3) und Vitalisierung dieser materialisierten Theorievorsatzstücke,
indem sie zur öffentlichen Praxis weiterleiten ... außerdem
... die Erfahrung eigener Produktivität im Rekonstruieren

und Verschriftlichen, um auch dem Horror zu begegnen, den wir ...
entwickeln, was zum großen Teil Angst und Kritik am schwarz-weiß
Festgehaltenen, von dem man sich nicht so simpel distanzieren kann,
ist. (...)

Darüber hinaus geht es zentral um die gelungene positive Vermittlung von Wissenschaft und Subjektivität ... (...) Damit zusammen
hängt die herkömmliche Art der Theorieaneignung gerade bei Genossen, wo pure Anpassung gefordert wird, ohne die spezifischen
Schwierigkeiten von Frauen produktiv zu verarbeiten. ... In dem
Zusammenhang unserer Diskussion über weibliche Psychoanalyse
gälte es daher, das Verhältnis von angelesener Theorie zu eigener
Geschichte, ... zu bestimmen.

... Die Innerlichkeit, als Aufbruch notwendig, schuf zwar Allge-
meinheit innerhalb des Arbeitskreises, wird jedoch regressiv, wenn
sie nicht nach außen zu wirken vermag. Unter 'außen' ist gemeint:

1) Erkenntnis über das eigene Ich als Selbstpolitisierung ... als
Strukturierung des Selbstbildes ..., ermöglicht schon mal in der
Phantasie Distanzierung, Über-die-Grenzen-weiterdenken.

2) Entwicklung von Produktionsmitteln: ästhetischer, kulturrevolu-
tionärer, theoretischer, aktionistischer Art. Dies sind freilich nicht
mehr Instrumentarien isolativer Selbstentfaltung, sondern Elemente
kollektiver Praxis. Damit verweisen ... sie zurück auf das, was
von uns selber an Identität mitgebracht wird, was wir uns selber
unter Veränderung vorstellen.

3) Auflösung von Rollenverhältnissen, Unterdrückung. Konstitution
autonomer Beziehungen unter Frauen.

4) Öffentlichkeitsarbeit in Bezug auf andere Frauen. Verhältnis zu
anderen Frauenorganisationen und zu sonst. politischen Organisa-
tionen".

Mit der Intention, sich explizit wieder auf die 'Öffentlichkeit' zu
beziehen, zentrierten sich unsere Diskussionen mehr darum, welche

Form die 'Frauenproblematik' in größeren gesellschaftlichen (zunächst studentischen) Zusammenhängen annahm. Damit rückte auch die Existenz anderer Frauengruppen und die Auseinandersetzung mit deren Positionen ("ganz grob: Feministinnen contra Parteifrauen; RK-Frauen und wir?") ins Blickfeld.

- Auszug aus dem Protokoll (2.12.73)

"Kritik wurde formuliert an einem ISF - Papier (Internationale sozialistische Frauengruppe), in der Frauenarbeit ziemlich verselbständigt als Vorübung, Stabilisierung für 'relevante' politische Arbeit (als ob die Schwierigkeit, Frau zu sein, eine Macke wär', die es vorher auszubügeln gilt!) begriffen wird, damit vorschnell ein Bezug auf 'Frau im Kapitalismus allgemein' genommen wird. Für uns noch nicht geklärt, was an konkreter studentischer Frauseinerfahrung verallgemeinerbar ist, oder umgekehrt, wie weit die Probleme proletarischer Frauen - und lohnabhängiger, verheirateter - für uns (in veränderter Form) zutreffen. Wenn aber gilt, daß unsere Erfahrung von Frausein Konkretion allgemeinerer gesellschaftlicher Bedingungen ist, müßten in unserer Erfahrung ... für Frauen überhaupt zutreffende Bestimmungen enthalten sein.... Die These, Frauensituation ist die relevanteste Konkretion der abstrakten gesellschaftlichen Verhältnisse im Kapitalismus, ist wohl nicht haltbar, ebensowenig die, daß in der Erfahrung, Frau zu sein, am unmittelbarsten der Kapitalismus sich manifestiert, und deshalb dies der Ansatzpunkt politischer Arbeit sein muß".

Hier wird deutlich, daß für uns noch keineswegs selbstverständlich war, was heute im 'Jahr der Frau' vielleicht keine so großen Schwierigkeiten bereitet, nämlich: sich selbst zum Ausgangspunkt politischer Arbeit zu machen, ohne die eigene 'Politik' zu messen an den Vorstellungen revolutionärer Theorie und Praxis, die aus der Studentenbewegung resultierten. Dieses 'Maßnehmen' war für uns, ebenso wie für die ISF-Frauen u.a. faktisch kaum hinterfragt, standen wir doch

Marx näher als Valerie Solanas. Das Problem 'Frausein im Kapitalismus' war begrifflich (real ebensowenig) nicht ohne weiteres faßbar auf dem Hintergrund der Marxschen Gesellschaftstheorie; auch der Versuch, durch Klärung der notwendig-immanenten Verflechtung von Patriarchat und Kapitalismus, Licht ins gesellschaftstheoretische Dunkel der Frauenproblematik zu bringen, brachte uns nicht aus falsch gestellten Alternativen: wenn wir die Politik der Frauenemanzipation einschlagen, was hat das mit der proletarischen Revolution zu tun? Der Begriff 'Frau' stand für uns quer zu dem der 'Klasse' und es ermangelte uns einer materialistischen Kulturtheorie, um die verschiedenen Ebenen zusammenzubringen.

Eben diese Fragen standen auch bei einem Frauenkongreß in Marburg (8.12.73), zu dem wir Delegierte schickten, zur Diskussion. Vorrangig wurde dort das Problem 'Politik der Gleichberechtigung vs. Emanzipation', das der Notwendigkeit einer 'autonomen' Frauenbewegung und des radikalen Feminismus diskutiert. Frauenbewegung galt als aus sich heraus noch keineswegs als politisch legitimiert. Wir selbst waren vergleichsweise enttäuscht von den dort herrschenden Problematisierungen. Zwar schien es, als ob wir weniger 'politisch' argumentierten, doch kristallisierte sich bei uns der Anspruch, dies Politikverständnis, das auch jenes der 'Neuen Linken' war, heftig in Frage zu stellen.

- Auszug aus unserem Protokoll (5.1.74)

"... höchst fragwürdig war, daß Politisierungsvorstellungen festgemacht wurden an der objektiven gesellschaftlichen Produktion - warum existiert die Vorstellung, für die Frau wäre die Teilnahme am unmittelbaren Arbeitsprozeß per se schon so eminent politisierend, die normalen Proletarier werden dadurch ja auch nicht politischer, ... Zudem schien das Ganze auf einer parteipolitischen Konzeption zu fußen, Frauen als Interessengruppe wie jede andere: das Problem 'Frausein' einfach funktionalisiert für Politisierung schlechthin ... Fatalerweise scheinen die Fragen eher zu einer Einordnung des Problems in den gesamtgesellschaftlichen Kontext auf einer objektiven Ebene zu führen ... Das abstrahiert jedoch von der Besonderheit der Frauen und unseres Arbeitskreises ...".

Wir versuchten, unser Verständnis von 'politisch' und 'Politisierung' zu konkretisieren, zunächst abgrenzend gegen ein Politikverständnis der damaligen linken Bewegung, die z.T. erstarrt, autoritär, formalistisch agierte (siehe z.B., Sprüche wie: 'das ist doch unpolitisch', ganz so in Debatten geworfen, als brächte das was an Erkenntnisfortschritt), der gegenüber wir uns berufen wollten auf bestimmte Vorstellungen der ursprünglichen antiautoritären Bewegung, d.h. wir wollten antiautoritäre frauenspezifische Aktion. U.E. mußte diese, zumindest im universitären Raum, der zunächst der unsere war, kulturrevolutionär sein. Politisierung und Agitation stellten sich uns nicht - wie uns das bei der Linken meist vorkam - als zwei Blöcke dar: einer, der politisiert und ein zu politisierender. Gerade dieses Verhältnis schien uns herzurühren von patriarchalisch/bürgerlichen Elementen innerhalb der gesamten linken Bewegung, unpraktikabel und erstarrt, als gebe es keinen anderen Weg zwischen den 'Agitatoren' und der sogenannten Zielgruppe. Wir stellten uns demgegenüber eine Aktion vor, in der es diese Blöcke und das damit verbundene Autoritätsgefälle nicht geben dürfe, d.h. Verzicht auf vorgefertigte Beiträge und ausgefuchste

Ableitungen um differente Positionen abzuschmettern, keine geistigen Produkte, die zum Konsumieren geradezu zwingen.

Es entwickelte sich der Plan, Theater zu spielen, das sich fort-
setzen sollte in die 'Zuschauer', deren Zuschauerstatus im Agieren, verbal oder in actu, aufgebrochen werden sollte. Wir griffen
auf ein Stück von Molière zurück: 'Die gelehrten Frauen', das wir
aktualisieren, neu schreiben und vor allen Dingen neu spielen wollten. Wir lasen es zunächst mit verteilten Rollen - und versuchten
dann, über die Hauptcharaktere und unsere Teilidentifikation mit
diesen zu diskutieren. Auf Anhieb schien es relativ schwierig, gerade dieses Stück in eine Art 'Parabel' umzuschreiben. Zwar traf
das Stück in der Zeichnung der Charaktere bestimmte Teilproble-
matiken - Zeichnung zweier Frauentypen, von denen die eine intellektuell und unsinnlich war, ihre emanzipativen Bestrebungen immer auf Kosten einer Sinnlichkeit gingen; die andere unintellektuell,
wenig ambitiös, jedoch lebens- und genußfreudiger. Beide verkör-
perten keineswegs ein für uns positives Frauenbild - wir konnten
dies aber auch nicht, weder aus uns noch aus dem Stück, entwik-
keln.

Wir mußten uns eingestehen, daß wir mangels Durchhaltekraft
nicht in der Lage waren, unseren Plan in die Tat umzusetzen, geschweige den Grund dafür außer Kraft zu setzen. In zermürbenden
Diskussionen darüber, warum wir Pläne wie Theater, Zeitung,
teach-in, aufgriffen und nie durchhalten konnten, stellten wir fest,
daß sich daran für alle ein Grundproblem festmachte, das verschiedene Gesichter hatte: man hatte keine Phantasie, keine Lust,
fand es nicht stringent, war aus verschiedenen Gründen im Moment zu kaputt - der Kern dieser mangelnden Konzentrationsfreude
war: im Frauen-Arbeitskreis als Frau zu sein und 'persönliche'
Probleme haben - diese beiden Dinge fielen auseinander als zwei
verschiedene Erfahrungsbereiche und die Bearbeitung des einen

ging auf Kosten des anderen [1]. Empfunden hat zu diesem Zeitpunkt jede von uns die wöchentlichen Sonntagssitzungen nur als Spannung, Belastung, schlechtes Gewissen bis zur Unerträglichkeit. Dennoch hielten wir wie festgeschweißt die wöchentlichen Termine mehr oder weniger ein. Der Grund war, allen halbbewußt und ist im Nachhinein so faßbar: wir verlangten einander ein Übermaß an Bezugnahme ab, die sich nie in gemeinsamen Produktionen oder Aktionen richtig realisieren konnte. Wir konnten diesen Zustand kaum benennen, geschweige denn auflösen - bis es zum Abbruch kam: B. schrieb ein Papier, das für sie und die anderen einen Schlußstrich setzte.

- Auszug aus B.'s Papier:
"... Es gilt das Nichts, das wir nur noch verwaltet haben, zu explizieren, uns in der selbstproduzierten Nichtswürdigkeit wahrzunehmen oder wahrhaben zu wollen ...

Es ist uns nicht gelungen einen Beitrag zur autonomen Frauenbewegung zu leisten ...
unser Ende sieht so aus, daß die Grenzen unseres spezifischen Ansatzes zur persönlichen Emanzipation gegenüber einem linken Lager fließend sind ... Denn die Frauenbewegung und also auch wir selbst

---

1) Der Arbeitskreis konnte also nicht das Bewußtsein vermitteln, daß 'besondere' (d.h. persönliche) Probleme lösbar seien und zugleich vermittelt werden könnten zu allgemeineren, ohne daß gleich 'Nähkästchenkommunikation' als Etikett des 'Besonderen' assoziiert wurde; übrigens eine Sichtweise, die m.E. für die gesamte Linke ein Problem darstellt. Die Angst vor dem unproduktiven Versacken ins intrauterine Boudoir des Frauen-Arbeitskreises ließ uns jedoch zu "Charaktermasken" der Frauenproblematik werden, was die Bewältigung der Aufgabe, dies Auseinanderfallen von Bereichen (besonderes vs. allgemeines Problem) aufzulösen, verhinderte. Das wurde noch verschärft dadurch, daß eine Ungleichzeitigkeit von Bedürfnissen und Problembewußtsein im Arbeitskreis existierte zwischen denen, die von Anfang an dabei waren und denen, die später dazustießen.

entnehmen noch allemal Ziele und Zwecke gesellschaftlicher Revolution und persönlicher Emanzipation sowohl als auch die Strategien zu deren Durchsetzung den Ansätzen der von Männern dominierten Linken ...

Als Kollektiv von Weibern blieben wir abstrakt ... Aktionen, die zum Angriffsziel Institutionen oder Instanzen der durchaus allgemeinen Unterdrückung von Frauen gehabt hätten, haben wir zwar in unserer Vorstellung entwickelt, verwirklicht haben wir sie nicht mehr. Hier stelle ich ausdrücklich an jede von euch die Frage nach dem warum. (Hervorhebung vom Hrg.) ... Daß wir uns als Widerspruch gegen das Patriarchat, das die Geschlechter spezialisierende Produktionsverhältnis, nicht wirklich politisch vermittelt haben, zeigt der hilflose Umgang mit unserem zunächst brüchigen und fragmentarischen Bewußtsein unserer Unterdrückung ... Denn weder theoretisch noch praktisch konnte unsere Radikalität aus der Zufälligkeit männerfeindlicher Impulse, aus der sich der radikale Affekt speist, zur ... Radikalität der Neuen Linken vermittelt werden ...

Erst so hätte sich die plausible Unangemessenheit bloß individuellen Protests ... in Formen kollektiven Protestes umsetzen lassen ... daß unsere Glückserwartungen durch allzu militanten Protest geschmälert worden wäre, wäre eher in Richtung auf eine Solidarisierung beider Geschlechter auflösbar erschienen ...

... das heißt hier aber nur benennen unserer nächsten Aufgaben:

PHANTASIE AN DIE MACHT und bloß nicht RETOUR A LA NORMALE .

Diese oben konstatierte Verfassung von uns und unserem Arbeitskreis hat in mir eine neue, vielleicht produktive Zerstörungswut freigesetzt. Ich kündige euch meine Mitarbeit auf".

Zum Teil ermöglichte die heftige Diskussion über das Papier auf-

zuatmen, ein hinter unserem Rücken etabliertes 'tabu' zu brechen:
daß nämlich der Arbeitskreis als solcher sakrosankt sei und trotz
aller Widrigkeiten aufrechterhalten werden müßte. Zum Teil erhob
sich Widerspruch gegen die Interpretation unserer Geschichte, die
das Verhältnis zur Neuen Linken tangierte. Gerade die 'Ungewißheit' unserer Unterdrückung hätten wir ausnützen sollen; nicht unser mangelndes Unterdrückungsbewußtsein war schuld, sondern unsere Suche danach führte in eine Sackgasse. Als Indiz von Unterdrückung kann allerdings gelten das Festhalten an unserer - falschen - Antizipation von Unfähigkeit und Phantasielosigkeit. Diese
hat ein gutes Stück von Selbstunterdrückung ausgemacht; - Gerade
das vage Unterdrückungsbewußtsein hatte uns in einen - unbestimm-
baren [1] - Gegensatz zur 'Neuen Linken' gebracht: Hervorbringen
sollte unsere Art der Politisierung im Gegensatz dazu politische
Subjekte und nicht Subjekte, die sozialistische Politik machten. Sie
schien einen Voluntarismus und Aktionismus ohne schlechtes Gewissen zu garantieren, da beides nicht hätte Ersatz sein müssen für
Theorie, sondern Erfahrungsmaterial von Reflexion und direkte Kommunikation. Diese Projektionen hatten sich weder erfüllt noch negiert gefunden. Dennoch war uns allen klar, daß der Arbeitskreis in dieser Form
gestorben war, eine neue Arbeitsweise fanden wir nicht.

Was wir erfahren und gelernt hatten, starb nicht mit dem Arbeitskreis. Die Wirkungen waren darin beobachtbar, daß jede einzelne

---

1) Dieser Gegensatz konnte sich nie klar herauskristallisieren:
wir fanden zwar die Art der Theorieaneignung und -produktion
der Neuen Linken autoritär, unterdrückerisch und leistungs-
orientiert und wollten dies bis in die Inhalte hinein verfolgen.
Wir wurden aber unsicher, wenn wir demgegenüber unser eigenes Denken positiv charakterisieren wollten als subjektives Denken, als nicht-autoritär, als eines, das die jeweilige Besonderheit nicht unter allgemeine Abstraktionen (schlechte!) subsu-
mieren sollte. Auch sahen wir, daß es wie uns vielen Genossen
ging, die ebenfalls vom Leistungsprinzip unterdrückt und ka-
puttgemacht wurden, was es erschwerte, diese Art des Den-
kens prinzipiell mit einem Geschlecht, bzw. dessen Vertretern
gleichzusetzen.

ein Stück weit Identität gewonnen hatte: politische Reflexion, Ziele und Ansprüche waren nicht mehr an die blinde Identifikation mit dem jeweiligen Sexualpartner oder einer Gruppe geknüpft. Auch verstehe ich, und ich glaube die anderen werden mir zustimmen, den Arbeitskreis als entscheidenden Abschnitt unserer Selbstpolitisierung; vorsichtig ausgedrückt: er schuf die Bedingungen der Möglichkeit zu politischem Handeln im obigen Sinne.

Das wurde deutlich, als wir im Frühjahr'74, vor der 2. Lesung im Bundestag eine § 218-Aktion machten. Sie entstand spontan mit einer großen Zahl Frauen, auch einigen Männern; d.h. es war keine Aktion unseres ursprünglichen Arbeitskreises, sondern einer sich spontan sammelnden Gruppe, in der wir mitmachten. Die Aktion zeitigte nun keine weiterführenden Resultate für die Gruppe selbst, die sie trug. - Jedoch gibt es inzwischen eine große Frauengruppe mit Frauenzentrum, die gemäß der sich verändernden Bedingungen anders entstanden ist und agiert. Ebenso ging aus unserem alten Arbeitskreis ein neuer Arbeitskreis mit anderer Besetzung hervor; - die Frauenbewegung setzt sich (dis)kontinuierlich, in Brüchen fort, die Geschichte unseres Arbeitskreises kann einen kleinen Ausschnitt der Wirklichkeit beleuchten.

Die vorliegende Arbeit selbst entfernt sich von dem in unseren protokollierten Diskussionen herrschenden Reflexionsmodus und schlägt den Weg einer vorwiegend immanenten Kritik der psychoanalytischen Auffassung ein. Schlußfolgerungen, soweit sie überhaupt gezogen werden, bleiben im Vergleich mit den Kritikansprüchen in unserem Arbeitskreis bescheiden-vorsichtig bis resignativ. Das verdankt sich zunächst der Tatsache, daß die vorliegende Arbeit als Diplomarbeit den Maßstäben einer bürgerlichen Wissenschaftlichkeit [1] Genüge

---

1) einer Wissenschaftlichkeit, die die Psychoanalyse vorrangig ihrer mangelnden Verifizierbarkeit und Quantifizierbarkeit wegen kritisiert, sie der Metaphysik im Sinne von Irrationalität bezichtigt, oder ihr allenfalls heuristischen Wert zugesteht.

leisten sollte, die eine politische Schlußfolgerung oder Ziel- und Bedingungsanalysen von Politik der Frauenbewegung hinsichtlich einer Psychoanalysediskussion erschwerten. Zum anderen intendierte ich selbst die Arbeit immanenter Kritik, die kritische Darstellung und Konfrontation verschiedener psychoanalytischer Ansätze und Theoreme, um einen Fundus von Argumentations- und Diskussionsmaterial bereitzustellen, das ich für wichtig hielt, gemessen an den Diskussionen in unserem Frauenarbeitskreis.

Die Politisierung dessen, was ich an Argumentationsmaterial vorlege, verstehe ich nicht als Aufgabe eines Schriftstücks eines Einzelnen [1], sondern als Aufgabe kollektiver Diskussion. - Aus diesem Grund müßte, - inhaltlich betrachtet - dort, wo dieses Buch endet, die Geschichte unseres Frauenarbeitskreises beginnen; dies Vorwort ist deshalb ebensogut als Nachwort zu lesen.

---

1) Ich wurde oft von Leuten, die meine Arbeit gelesen hatten, gefragt: "Warum argumentierst Du nicht politischer?" Darauf kann ich zunächst nur fragen, welcher Begriff von Politik denn im Wörtchen "politischer" stecke. An dieser Stelle möchte ich jedoch auf das Buch "Antiödipus" von Deleuze/Guattari hinweisen, das m.E. versucht, immanente Kritik der Psychoanalyse zu transzendieren und mit der Kritik gesellschaftlicher Wirklichkeit zu verknüpfen, dergestalt, daß die Ambivalenz der psychoanalytischen Theorie (das Moment der Progression ebenso zu beinhalten wie das des Konservativen) in ihrer Aufdeckung eines Teils der gesellschaftlichen Wirklichkeit genauer faßbar wird.

1. PROBLEMSTELLUNG UND PROBLEMKONTEXT

"Im Weibe stets das Dämonische zu sehen und jedes Weib myste-
riös zum unlösbaren Rätsel hinaufzuschrauben, ist nicht das Resultat tieferen Eindringens in die Dinge, sondern im letzten Grunde
der Ausweg des Unvermögens niedergehender Weltanschauungen".
(FUCHS, 1973, S. 262)

"Über das Rätsel der Weiblichkeit haben die Menschen zu allen
Zeiten gegrübelt (...). Auch Sie werden sich von diesem Grübeln
nicht ausgeschlossen haben, insofern sie Männer sind; von den
Frauen unter Ihnen erwartet man es nicht, sie sind selbst dieses
Rätsel". (FREUD, Ges. Werke XV, S. 120)

Im Zeitalter technisch-wissenschaftlicher Revolutionen und der
Emanzipation des Menschen von der Natur scheint immer noch der
Mythos über das Phänomen 'Frau' zu herrschen. Die Erweiterung
menschlichen Wissens ist zwar nicht ohne Einfluß auf die Praxis
des Verhältnisses der Geschlechter geblieben, doch hat die Lok-
kerung der herrschenden Sexualmoral und der Kampf um die Gleichberechtigung und/oder Emanzipation der Frau - beide Dimensionen
betrachte ich als interdependente Entwicklungen - die Probleme der
weiblichen Sexualität und Identität keineswegs gelöst; eher könnte
man sagen, sie hätten sich verschärft. Diese Probleme, bisher
im öffentlichen Bewußtsein mehr oder weniger ausgespart, sind im
Verlauf der Entwicklung von Forderungen nach Gleichberechtigung
erst voll artikulierbar geworden. Dabei ist zu beobachten, daß
innerhalb unserer sexuellen Wertorientierungen ein Umbruch stattgefunden hat, - die Sphäre sexuellen Verhaltens und Empfindens
wird als Bedürfnis und Lebensäußerung allgemein akzeptiert und
relativ positiv bewertet, in die herrschenden Erziehungskonzepte
und -normen wird die Sexualaufklärung der Kinder weitgehend integriert. Dennoch wird dem sexuellen Leben der Frau und ihrer
Sexualrolle eine große Unsicherheit entgegengebracht.

Mit dem Aufgeben der Beschränkung der Frau auf die Funktionen
"Hausfrau" und "Mutter", mit der Integration der Frau in weite
Bereiche des wirtschaftlichen, sozialen und intellektuellen Lebens
ist ihr sexuelles Leben keineswegs mit integriert: in ihrer Sexualrolle stößt die Frau immer noch auf Erwartungen, die vergangenen
Verhältnissen angehören. Ein neues sexuelles Identitätsmuster
existiert für sie - noch - nicht: zwar wird ihr bescheinigt, daß sie
fähig sei zur Lustempfindung, daß sie ein Anrecht darauf habe und
dies wird - formal - auch akzeptiert; sie darf und soll "zum Orgasmus kommen" - und doch weisen ihr gesellschaftliche Rollener-
wartungen immer noch Passivität in Bezug aufs Geschlechtsleben
und nicht nur da, zu; auch sind die anachronistischen Bilder der
Frau als "Hure" und/oder "Heilige" noch nicht verschwunden und
bestimmen das Verhalten von und gegenüber Frauen. Sie wird immer noch als Sexualobjekt rezipiert und damit auch in allen übrigen
Bereichen ihrer Person als wenig subjekthaft - infolgedessen als
physisch und geistig minderwertig. Nirgends hat gerade die Sexualrolle: Gegenstand des Begehrens des Mannes zu sein und erst dadurch überhaupt etwas zu gelten, die gesamte Identität so nachhaltig
beeinflußt wie bei der Frau.

1.1 Vorüberlegungen

Frau zu sein ist ein existentielles Problem, ein Basisproblem;
es ist zwar außerdem auch ein Problem der Kulturzugehörigkeit,
der Schichtzugehörigkeit, des Bildungsgrades usw.; doch möchte
ich ausdrücklich darauf hinweisen, daß ich in dieser Arbeit die
Probleme der Weiblichkeit unter den durch den westlich-christli-
chen Kulturkreis gegebenen Rahmenbedingungen betrachte und auf
transkulturelle Vergleiche verzichte; das schränkt den Gültigkeits-
anspruch meiner Kritik ein auf unseren Kulturkreis; was die Ver-

allgemeinerbarkeit im Sinne einer repräsentativen Schlußfolgerung innerhalb unseres Kulturkreises betrifft, bin ich einerseits der Auffassung, daß der Unterschied zwischen der Sexualität der Frauen verschiedener Schichten, unterschiedlichen Bildungsgrades usw. nicht so groß ist, wie es zunächst den Anschein haben mag - ihr Verhalten wird beeinflußt von gesellschaftlichen Standards, die das Rollenmuster 'Frau' quer durch alle Schichten mit typischen Zügen ausstattet; KINSEY (1954) kommt in seiner Untersuchung genau zu diesem Schluß (siehe dazu weiter unten). Zum andern ist die Literatur, auf die ich mich beziehen werde, vorwiegend an der sogenannten bürgerlichen Mittelschicht orientiert, so daß meine Interpretationen und Schlußfolgerungen nicht den vollen Anspruch auf Repräsentativität und Verallgemeinerbarkeit erheben, sondern durch die zwei genannten Aspekte begrenzt werden; sie betreffen nur das schichtunspezifisch 'typische' und allgemein die bürgerliche Mittelschicht.

1.2 Artikulation typischer Probleme

Mit dem Akzeptieren der Erkenntnis, daß auch die Frau fähig zum sexuellen Genuß und zum Orgasmus sei, treten auch die sexuellen Probleme viel offener zu Tage, werden als Probleme überhaupt erst wahrgenommen: "Orgasmusstörungen der Frau sind ein weit verbreitetes Problem: die Hälfte der Frauen kommt nie, selten oder nur manchmal zum Orgasmus und etwa jede zehnte Frau kann beim Koitus überhaupt nicht orgastisch reagieren. Meist ist diese Orgasmusunfähigkeit auch mit geringer oder fehlender sexueller Appetenz und reduzierter sexueller Erregbarkeit assoziiert. Relativ selten sind jene sexuellen Störungen, bei denen die Frauen beim Koitus Schmerzen oder Ekel empfinden oder wo der Koitus auf Grund spastischer unwillkürlicher Vaginalmuskelkontraktionen überhaupt unmöglich ist. (...) Von psychoanalytischer Seite, wo als Kriterium der weiblichen Potenz der "vaginale" Orgasmus gilt, wird der Anteil frigider Frauen äußerst hoch eingeschätzt: nach KROGER und FREED (1950) ... wären gemäß diesem Kriterium 75 % aller Frauen als frigide zu bezeichnen ... Bei den Autoren dagegen, die als Kriterium der Orgasmusfähigkeit nur das Erreichen des Orgasmus im Koitus (...) ansehen, wird der Anteil anorgastischer Frauen entsprechend niedriger eingeschätzt". (HANACK, 1973, S. 22 und S. 28)

Die Störung der sexuellen Genußfähigkeit im koitalen Verkehr ist nur der offensichtlichste Ausdruck einer insgesamt emotionalen Konfliktualisierung des gesamten sexuellen Bereichs und darüber hinaus auch weiterer Dimensionen der Partnerbeziehungen der Frau. Faßt man den Begriff 'Sexualität' weiter als nur als physiologisches Reaktionsmuster auf einen adäquaten Reiz, - und man muß ihn weiter fassen, da die meisten Orgasmusstörungen sich einerseits als koitale, nicht als bei Masturbation auftretende Frigidität erweisen (KINSEY, 1954, S. 296 ff.) und zudem fast ausschließlich psychogen und nur in seltenen Fällen rein somatogen bedingt sind (HANACK, 1973, S. 24) - so erweist sich, daß Störungen in der sexuellen Erlebnisfähigkeit und Ansprechbarkeit in engstem Zusammenhang stehen mit affektiven Störungen im Bereich der Partnerbeziehungen und den sonstigen intelektuell/beruflichen Arbeitsbereichen der Frau.

Was den letztgenannten Punkt betrifft, werde ich kurz eine Untersuchung an studentischer Population heranziehen. In "Symptome psychisch gestörter Studenten" (SCHÖN, 1971) berichtet SCHÖN vom Anwachsen der Patientenzahlen in den psychotherapeutischen Beratungsstellen für Studenten; Arbeitsstörungen bei Studenten, die sich zumeist als affektive Arbeitshemmungen erweisen, nehmen immer mehr zu, und gerade die weiblichen Patienten überwiegen relativ zu ihrem Anteil an der Gesamtstudentenschaft signifikant gegenüber den männlichen. GEBAUER (1969, in: SCHÖN, 1971, S. 21), berichtet ebenfalls vom Überwiegen weiblicher Patienten, bei denen im Unterschied zu den männlichen, vorwiegend "Partnerprobleme" im Vordergrund standen. Offensichtlich hat der Universitätsbetrieb eine besonders desintegrative Wirkung: nirgends tritt so extrem wie im universitären Bereich die Rollendiffusion und -diskrepanz, die für alle Frauen unterschiedlich intensiv gelten, auf. GERSTEIN beschreibt diese Schwierigkeiten: die Studentin "Stößt bei Eintritt in die Universität nicht nur auf einen ... fremden Bereich, in dem sie sich als Frau nur schwer zurechtfinden kann, sondern sie begegnet auch beim Versuch sich einzuleben, dem Widerstand der eigentlichen 'Machthaber' dieses Bereichs. Dieser Widerstand ist heute zwar meist kein bewußter ... sondern viel eher ein emotionaler, nur schwer erfaßbarer Zweifel am Sinn und Zweck des Frauenstudiums". (GERSTEIN, 1965, in: SCHÖN, 1971, S. 22) Die häufigen emotionalen Störungen wie Apathie, Depression und Insuffizienzgefühle sind für weibliche Studenten geradezu als normal (!) zu betrachten. (SCHÖN, S. 23). Auch SCHÖN, der die Patienten der Marburger psychotherapeutischen Beratungsstelle untersuchte, berichtet vom Überwiegen der weiblichen Patienten, besonders der Studentinnen aus gesellschaftswissenschaftlichen Fächern. Der Konflikt zwischen 'Berufsrolle' versus 'Frauenrolle' sei bei allen Studentinnen verstärkt im Vordergrund und ein "Abbau der internalisierten Rollenerwartung 'Hausfrau' durch die aktuellen Bedingungen, denen die Studentin unterworfen ist (z.B. Frauenidealbild in der Werbung, Einstellungen der Familie) sehr erschwert" (SCHÖN, 1971, S. 110).

In derselben Arbeit wird berichtet, daß Frauen (im Vergleich zu Männern) häufiger vegetative Symptome wie Kopfschmerz, Schwindelgefühle usw. anführen; man kann hier m.E. von 'Resomatisierung' von Konflikten sprechen: diese sind nicht als solche wahrnehmbar, sondern äußern sich in körperlichen Störungen. - Anderseits treten SCHÖN zufolge sehr häufig Symptome wie 'Alpträume' und 'Panikstimmung' auf, akute Angstattacken, die man als Anzeichen offenen Durchbruchs von unterdrückten Konflikten interpretieren könnte. Das Bild der Störungen ist also vielfältig und uneinheitlich. Betrachtet man die weiblichen Patienten gesondert, so steht im Vordergrund das Erleben von Depression - Minderwertigkeitsgefühlen - Ängsten, in dieser Reihenfolge. (Dieses Ergebnis kam zustande durch einfaches Auszählen der weiblichen Symptomnennungen in den Originallisten der SCHÖNschen Arbeit - SCHÖN selbst untersuchte die weiblichen Patienten nicht gesondert, sondern im Hinblick auf Differenzen zu den männlichen Patienten, bzw. die nicht nach Geschlecht differenzierte Patientenpopulation insgesamt.)

Die genannten Probleme und die Erhellung ihrer Genese fallen in den Bereich der psychoanalytischen Theorie. In der vorliegenden Arbeit werde ich meine Kritik an der Psychoanalyse orientieren an der Frage, welchen Anteil der Genese solcher Konflikte, die sich einmal als direkt sexuelle Störungen und zum anderen als Konfliktualisierung von emotionalem Erleben in anderen Lebensbereichen äußern, die psychoanalytische Theorie aufklären kann, gerade hinsichtlich ihrer Auffassung von der weiblichen Sexualentwicklung.

Bevor ich jedoch auf die Psychoanalyse eingehe, möchte ich einige Untersuchungen berücksichtigen, die von großer Relevanz sind im Hinblick auf die psychoanalytische Theorie der weiblichen Sexualität.

1.3 Die Sexualitätsforschung der 50/60er Jahre

Der Kinsey-Report - Das sexuelle Verhalten der Frau -

Die umfassende Untersuchung von KINSEY, POMEROY, MARTIN & GEBHARD (1954), eine Befragung von über 5 000 Frauen, gibt eine ausgezeichnete Darstellung des sexuellen Wertsystems und Selbstkonzepts der Frau. Die Daten sind zwar an amerikanischen Frauen erhoben und deshalb nicht vorbehaltlos auf deutsche Verhältnisse übertragbar, doch kamen GIESE & SCHMIDT (1968) in einer Untersuchung an deutschen Universitäten über die Sexualität von Studenten zu vergleichbaren Ergebnissen.

Die Kinsey-Untersuchung beruht hauptsächlich auf Fragebogen und Interviews und spiegelt so das subjektive Erleben und Empfinden der sexuellen Betätigung der Frau. Die Fragen der Untersuchung beziehen sich auf die Häufigkeit des Geschlechtsverkehrs, der Masturbation, des 'Petting' und die Häufigkeit der dabei erlebten Befriedigung bzw. Orgasmen; weiterhin auf die Art der sexuellen Stimulierung, die Bevorzugung bzw. Ablehnung und/oder Indifferenz gegenüber bestimmten Stimuli. Dabei stellte sich heraus, daß die einflußreichsten Faktoren in Bezug auf das sexuelle Verhalten das Geburtsjahrzehnt und die Religiösität dieser Frauen waren. Grob zusammengefaßt ergab sich folgendes: die nach 1900 geborenen und die weniger religiösen Frauen gaben an, mehr Erfahrung als auch mehr Befriedigung im koitalen Verkehr und hinsichtlich der Masturbation zu haben; sie zeigten insgesamt ein größeres sexuelles Appetenzverhalten und weniger Schuldgefühle hinsichtlich ihrer Masturbation. Nach KINSEY ist aber insgesamt festzustellen, daß alle Frauen im Vergleich zu den Männern sich weniger oft sexuell zu betätigen wünschten, weniger oft Geschlechtsverkehr hatten, ein geringeres Appetenzverhalten zeigten, sich durch psychische Stimulierung weniger sexuell erregt fühlten, sowie eine weit größere Variationsbreite des sexuellen Verhaltens zeigten als die Männer.

KINSEY schließt daraus zunächst, daß sexuelles Verhalten nicht angeboren sondern erworben ist. Trotzdem meint er, daß die Frau im Vergleich zum Mann eine geringere sexuelle Bedürftigkeit habe, ohne nach weiteren Bedingungen dafür zu fragen. Er stellt nur die psychischen Unterschiede fest: die Frauen haben ihrer Onanie gegenüber größere Schuldgefühle, reden weniger mit anderen Frauen über sexuelle Dinge, sind durch psychische Stimulierung sexuell weniger erregbar, beispielsweise durch die Beobachtung eines Sexualaktes, durch Aktfotos, erotische Kunst und Literatur; ihr sexuelles Verhalten ist weniger durch Erfahrung geprägt. Das sind alles Aussagen der befragten Frauen über sich selbst. KINSEY zieht daraus den Schluß, daß die geringere Reaktionsfähigkeit der Frau keine physiologische, wohl aber psychologisch sei: die Frau ist weniger abhängig von psychischer Stimulierung, der Gedanke ans andere Geschlecht oder die Erwartung, mit dem Partner sexuell zu verkehren, erregt sie nicht - alles dies sind Aussagen der befragten Frauen. KINSEY schließt daraus, daß die Frau von Natur aus nicht psychisch erregbar sei; ihre sexuelle Reaktion hängt einzig und allein von fortgesetzter physischer Stimulierung ab; setzt diese für kurze Augenblicke aus, so ist die Frau sofort ablenkbar und die sexuelle Erregung sinkt ab. KINSEY hält deswegen das sexuelle Verhalten der Frau für nicht psychisch prägbar. Er hält die subjektiven Empfindungen der befragten Frauen für biologisch objektive Tatsachen und fragt nicht mehr nach dem Zustandekommen dieser Empfindungen bzw. Empfindungsunfähigkeit. Er macht Unterschiede in der Cerebralstruktur von Mann und Frau dafür verantwortlich: "Da die Frau durch psychologische Stimulierung weniger erregt wird, ist sie darüber hinaus im Verlauf ihrer koitalen Beziehung leichter ablenkbar. (...) Folglich fällt die Frau, wenn die gleichmäßige Steigerung ihrer Reaktion durch das Aussetzen der Bewegung des Mannes (unterbrochen wird)... in den normalen physiologischen Zustand zurück ... und muß von neuem beginnen". "Obwohl die Daten über den Einfluß des Cortex auf das sexuelle Verhalten beschränkt sind, beweisen sie doch, daß durch diesen Teil des Nervensystems die psychosexuellen Reize vermittelt werden. Da wir gezeigt haben, daß in der Wirksamkeit solcher psychischen Reize erhebliche Unterschiede zwischen Männern und Frauen bestehen, könnte man zu dem Schluß kommen, daß dieser höchst auffällige Unterschied der weiblichen und männlichen Sexualität auf cerebrale Unterschiede zurückzuführen sei ... Ein oder zwei Untersuchungen sprechen von biochemischen Unterschieden in der weiblichen und männlichen Hirnrinde. Die Untersuchungen sind wichtig ... aber die Forschung muß noch sehr viel weiter ausgebaut werden". (KINSEY et al., 1954, S. 478 und S. 559) Daß die unterschiedliche Wirksamkeit psychischer Reize auf unterschiedliche Sozialisationseinflüsse bezüglich sexueller Normen zurückführbar sein können, schließt KINSEY damit mehr oder weniger aus.

Auch wenn die befragten Frauen nun angegeben haben, daß sie weniger durch erotische Literatur, den Anblick eines nackten Körpers, die Erwartung einer sexuellen Annäherung des Partners o.ä. erregt werden, so ist die Folgerung KINSEYs doch recht fragwürdig. Es läßt sich ebenso gut vermuten, daß diese Frauen in ihren Äußerungen nur die Wirksamkeit kultureller Normen wiedergeben, die ihnen eine Bejahung und Offenheit bezüglich sexueller Dinge abgesprochen haben. Die Art und Weise wie KINSEY schlußfolgert, kann selbst die Wirkung dieser kulturellen Normen sein (siehe dazu weiter unten). Wenn die Befragten angaben, beim Koitus leicht ablenkbar zu sein, so ist das ebensogut zu interpretieren als Beweis für ihre enorme Abhängigkeit von psychischen Faktoren auf ihre sexuelle Erregbarkeit. Wenn Frauen angaben, bei jeder Art sexueller Betätigung wenig Phantasievorstellungen zu entwickeln, so kann man das als Wirkung des Umstandes auffassen, daß Frauen auch schon der Gedanke und das Phantasieren sexueller Dinge untersagt wird - Frauen haben ihre Gedanken rein von solchen Dingen zu halten.

Aus KINSEYs Daten geht nämlich andererseits hervor, daß im Gegensatz zum Mann, immerhin zwei Prozent der befragten Frauen durch reine Phantasie ohne manuelle Manipulation zum Orgasmus gekommen zu sein angaben. Weiter geht daraus hervor, daß viele Frauen angaben, durch Filme, etwa durch die romantische Handlung (weniger durch handfeste Liebes- oder Koitusszenen) sexuell erregt worden zu sein. Wenn KINSEY schlußfolgert, die Frau sei von Natur aus weniger prägbar, weniger durch Erfahrung in ihrem sexuellen Verhalten veränderlich, so ist das nicht Sache biologischer Prägbarkeit. Man kann denselben Sachverhalt mit dem gleichen Recht auffassen als Ausdruck sozialer Verhältnisse, die der Frau in noch stärkerem Maße untersagen, überhaupt sexuelle Erfahrungen zu machen; Ausdruck von Verhältnissen also, die jedes sexuelle Erlebnis und die daraus resultierende Prägung von der Frau schon in frühem Kindesalter abzuhalten bemüht sind.

Es taucht also an dieser Untersuchung die Frage auf: wenn die sexuelle Reaktionsweise, d.h. die physische Orgasmusfähigkeit und deren physiologischer Funktionsmechanismus bei Mann und Frau prinzipiell ähnlich sind, im Bereich des sexuellen Verhaltens und des subjektiven Empfindens und Erlebens sich aber extreme Differenzen ergeben, welche psychischen Bedingungen sind es dann, die die psychische Empfindungsbereitschaft der Frau blockieren?

Die sexuelle Reaktion   - MASTERS' & JOHNSONS Untersuchung -

Bevor die zuletzt genannte Frage behandelt wird, soll zunächst auf die Untersuchung von MASTERS & JOHNSON (1967) eingegangen werden, die auch die Befunde von KINSEY tangiert. In einer elf Jahre dauernden Untersuchung erforschten MASTERS & JOHNSON die sexuelle Reaktion von Männern und Frauen durch direkte Be-

obachtung, Befragung und Interviews. Sie untersuchten eine Gruppe
von Frauen und Männern, die sich aktiv beteiligten: sie übten im
Experiment artifiziellen und natürlichen Koitus aus und masturbier-
ten unter Beobachtung und Messung physiologischer Reaktionen
(382 Frauen, 312 Männer). Weitere Personen stellten sich bei Be-
fragungen und Interviews über ihre Sexualpraxis zur Verfügung.
(619 Frauen, 654 Männer) Die untersuchte Gruppe war insgesamt
überdurchschnittlich intelligent und hatte einen sozial hohen Status
(viele Akademiker). MASTERS & JOHNSON warnen deshalb vor
vorbehaltloser Verallgemeinerung; dennoch ist diese Untersuchung
von unschätzbarem Wert und der Aspekt statistischer Repräsentativität demgegenüber zweitrangig. Die Autoren untersuchten den
physiologischen Funktionsmechanismus und kamen zu Ergebnissen,
die die bisherigen "phallischen Irrtümer" über die weibliche sexuelle Reaktion und deren biologisch-anatomische Voraussetzung
ihrer Grundlage berauben: die physiologischen Reizbeantwortungsmuster auf adäquate psychogene und somatogene Stimulierung stim-
men bei Mann und Frau prinzipiell überein.

Die Autoren beschreiben zunächst die sexuelle Reaktion als wesentlich den ganzen Körper betreffend; die Genitalien haben dabei Re-
zeptor- und Transformatorfunktionen hinsichtlich der Übertragung
der sexuellen Stimulierung (extra- oder direkt genital) auf den gesamten Körper und dessen Reaktion inne. Es handelt sich bei der
sexuellen Reaktion um oberflächliche und tiefe Vasokongestion des
gesamten Venen- und Beckenvenengeflechts und um Myotonie (Mus-
kelspannung) der quergestreiften und genitalen Muskulatur, einher-
gehend mit Reaktionen wie Hyperventilation, Tachykardie, Blut-
drucksteigerung und Transpiration. Der Körper beginnt in der Er-
regungsphase zu reagieren mit dem sogenannten "sex-flush" (Se-
xualröte der Haut), Brustvergrößerung und Mamillenerektion. Bei
der Frau wird dann im Genitalbereich bei jeder adäquaten Stimulierung - psychogen oder somatogen, extragenital oder genital -

zunächst an den Vaginalwänden eine Gleitsubstanz abgesondert. Bei fortgesetzter Stimulierung kommt es zur Retraktion der Clitoris, die Vagina erweitert sich, im vorderen Scheidendrittel bildet sich die sogenannte orgastische Manschette; die eigentliche orgastische Reaktion besteht in intensiven Muskelspasmen, beginnend mit einem Initialspasmus. Bei dieser Reaktion entläd sich die vasokongestive Stauung in den Gefäßen. Dieses Reizbeantwortungsmuster bleibt im Prinzip das gleiche, auch bei einer Stimulierung peripherer Zonen (z.B. der Brust) oder bei nicht-physischer Stimulierung.

KINSEYs Ansicht, die Frau sei in ihrer sexuellen Reaktion weniger beeinflußbar und/oder abhängig von psychogenen Faktoren, erweist sich als unzulänglich: "Offensichtlich laufen beim Coitus psychische sowie physiologische Reaktionen ab, die zur indirekten oder sekundären Clitoris-Stimulierung beitragen. (...) Der primäre Ort sensorischer Empfindungen im weiblichen Becken ist die Clitoris, die mit gleicher Leichtigkeit auf eine somatische und psychische Stimulierung reagiert. (Hervorhebung von E.G.) (...) Hier muß zunächst eindeutig klargestellt werden, daß keine Stimulation ausschließlich somatogen sein kann, auch wenn die Stimuli als somatogen oder psychogen unterschieden werden, ebenso wie die Rolle der Clitoris in eine der Rezeption und eine der Transformation von Reizen unterteilt wird. Alle Reize werden aufgenommen, verarbeitet und an höhere kortikale Zentren weitergeleitet. (...) Diese Überlegung findet einige Bestätigung in der Tatsache, daß bei der Frau, unabhängig von der Wirksamkeit der somatogenen Stimuli, die psychische Überlagerung bei jeder sexuellen Stimulierung von Bedeutung ist. Die Vorstellung einer reinen Reflexbogenreaktion auf afferente Stimulierung ist unhaltbar, da die psychogene Stimulierung der höheren kortikalen Zentren und die daraus resultierende direkte, efferente Transformatorleistung der Clitoris einen unleugbaren Faktor bei der sexuellen Reaktion der Frau darstellt". (MASTERS & JOHNSON, 1967, S. 64 und S. 66)

Auch sind die Untersuchungsergebnisse hinsichtlich der weiblichen
Genitalanatomie eindeutig und wichtig im Hinblick auf eine später
erfolgende Kritik der Freudschen Annahmen über das weibliche
Genitale. Das Genitale der Frau ist den Untersuchungsergebnissen
zufolge ein Organ außerordentlich komplexer biologischer Struktur,
das in der Funktionseinheit Klitoris/Vagina Transformator- und
Rezeptorleistungen erbringt, die der des männlichen Organs entsprechen. Dabei ist die anatomische Beschaffenheit wie Größe,
Dicke usw. gegenüber der physiologischen Funktion irrelevant. Es
kann daher keine Rede sein von einer - aufgrund einer gegenüber
dem männlichen Glied anderen anatomischen Struktur - angeborenen
Minderwertigkeit dieses Organs. Dies ist ebenso ein 'phallischer
Irrtum' wie die Annahme, die Clitoris sei eine rudimentäre Penis-
struktur. Die biologische Beschaffenheit des Genitales erklärt in
keiner Weise das subjektive Erleben der sexuellen Betätigung: "Für
die Frau ist der Orgasmus ein psychophysiologisches Erlebnis, das
sich innerhalb der psychosozialen Wechselwirkungen abspielt und
durch diese Bedeutung gewinnt.(...) Der Zyklus der sexuellen Reaktion ... wird im allgemeinen als ein triebhaftes Geschehen angese-
hen, das in den tiefsten Schichten menschlichen biologischen Verhaltens wurzelt, ein Geschehen, das zu den Grundphänomenen der
menschlichen Existenz gehört. (...) Quantitativ wie qualitativ sind
die Bedingungen bei der einzelnen Frau für das Erleben des Orgasmus von unterschiedlicher Bedeutung. Nur die grundlegenden physiologischen Reaktionen ... bleiben von einem Orgasmus zum anderen dieselben. Diese Tatsache offenbart die Neigung der Frau,
das Erleben der Sexualität nach den psychosozialen Bedingungen zu
richten". (MASTERS & JOHNSON, 1967, S. 126)

Unter diesem Gesichtspunkt können die Untersuchungen von KINSEY
erst richtig eingeschätzt werden: als Beschreibung und Darstellung
der sozial und psychisch bedingten Gehemmtheit eines natürlichen
Verlangens der Frau, die zeigt, wie sehr die Frau unter Druck in

der Lage ist, ihr sexuelles Erleben und Empfinden an gesellschaftliche Normen anzupassen.

Die psychoanalytische Theorie

Wenn es also wesentlich psychosoziale Faktoren sind, die eine
Blockierung der sexuellen Erlebnismöglichkeit der Frau und der
Entwicklung eines ihren Bedürfnissen und Möglichkeiten entsprechenden sexuellen Selbstkonzepts verursachen, so ist zu fragen, inwiefern die Psychoanalyse in der Lage ist, eben die Wirkung der psychischen Faktoren zu erhellen. Immerhin versucht die Psychoanalyse die Sexualität als Entwicklungsprozeß zu begreifen, der schon
in früher Kindheit beginnt. Sie faßt diesen Prozeß auf als Geschichte von Objektbeziehungen, die die affektiv-emotionalen Komponenten,
die Entwicklung und/oder Verdrängung der sexuellen Wünsche und
Bedürfnisse und die Ausgestaltung einer subjektiven Erlebnisdimension der Sexualität nachhaltig beeinflußt.

Nun hat sich die Psychoanalyse gerade in ihrer Auffassung der
weiblichen Sexualität immer auf anatomische Voraussetzungen verlassen, die zur Erklärung herangezogen wurden und zu Zeiten
Freuds als objektiv gesichert galten. Diese Voraussetzungen haben
sich nun als falsch herausgestellt: genau in diesem Punkt muß also die Psychoanalyse kritisiert und revidiert werden. Es muß geklärt werden, inwieweit die Theorie der weiblichen Sexualität auf
die anatomischen Prämissen derart aufgebaut sind, daß sich die
gesamte Darstellung als falsch, als nicht tragfähig für jede Art
der Konfliktgenese erweist - oder inwiefern die Psychoanalyse in
die Lage versetzt werden kann, die weibliche Sexualentwicklung
anders darzustellen und zu untersuchen. Die Psychoanalyse kann
ihrem Anspruch dann gerecht werden, wenn sie klärt, welche Bedingungen innerhalb der psychischen Organisation und der Objekt-

beziehungen es sind, welche die Entwicklung der Weiblichkeit dergestalt beeinflußt haben, daß die Beschreibung der weiblichen Psyche und des sexuellen Verhaltens und Empfindens als passiv und rezeptiv immer noch angemessen scheint. "Es wächst die Zahl der Frauen und Männer, welche die Gleichung 'Vaginalorgasmus = Normalität' bedingungslos akzeptieren. Die Folge davon ist ein stetig wachsendes Schuldgefühl, ein Bewußtsein der Furcht und des Ressentiments ... Es drängt sich die Frage auf, ob diese bekannten Schwierigkeiten der Frauen ihre eigenen sexuellen Gefühle zu schildern, nicht vielleicht darauf beruhen, daß sie sowohl sich selbst als auch uns etwas über das Wesen dieser Gefühle vormachen, eben weil sie befürchten, daß das, was sie wirklich empfinden nicht das ist, was sie empfinden sollten". (SHERFEY, 1974, S. 54-55) SHERFEY beschreibt in ihrem eben zitierten Buch den enormen Einfluß der psychoanalytischen und psychiatrischen Literatur und der darin geäußerten Meinungen aufs öffentliche Bewußtsein: "Dabei festigte sich der Eindruck, daß nicht nur die Paare mit sexuellen Problemen sowie ein großer Teil des aufgeklärten Laienpublikums, sondern auch so gut wie alle Psychiater und Ärzte ... immer noch an der These von der reifen vaginalen und infantilen klitoridalen Erotik der Frau hingen und daß sie zwei Orgasmen unterschieden. (...) Könnten nicht etwa das mangelnde psychiatrische Interesse an der gesellschaftspsychologischen Krise der Frau, ein fehlendes tiefergehendes Verständnis der weiblichen Psyche, ihrer Funktion und Funktionsstörungen und unsere wirklich ernstzunehmenden therapeutischen Unzulänglichkeiten ... zumindest teilweise auf abwegige Voraussetzungen ... zurückzuführen sein?" (SHERFEY, 1974, S. 57)

In Übereinstimmung mit dem eben Zitierten halte ich eine Kritik der psychoanalytischen Auffassung für recht notwendig. Ich stimme mit SHERFEY weiter überein, wenn sie meint, die Neuorientierung der Psychoanalyse sei weniger durchgreifend, als es auf den ersten Blick zu vermuten ist. Die Autorin meint, daß "diese grundlegenden

Erkenntnisse die psychoanalytische Theorie und Praxis auf dem
Gebiet weiblicher Sexualität bestätigen werden. (...) Die Macht
psychischer Vorgänge wird umso gefestigter werden". (1974, S.231)

Nun hat Freud das Verdienst der Erkenntnis, daß die Art unserer
erwachsenen Objektbeziehungen zurückzuführen ist auf determinierende Vorgänge in früher Kindheit. Innerhalb dieser entwickeln
sich, auf der Basis der Abhängigkeit von den elterlichen Objekten,
intensive Liebesbeziehungen, die als Vorformen der erwachsenen
Objektbeziehungen zu gelten haben. Die das spätere Liebesleben
determinierende Kraft der infantilen Situation stammt wesentlich
aus jener Verflechtung von Abhängigkeit und Liebe im Erleben des
Kindes.

Der Darstellung der Entwicklung des weiblichen Kindes und der
späteren Ausgestaltung des Liebeslebens kommt innerhalb der psychoanalytischen Theorie ein besonderer Status zu, charakterisiert durch zwei Aspekte, die in der vorliegenden Arbeit ausführlich erörtert werden:

1) Die Betrachtung des weiblichen Genitales als verursachender
Faktor, bzw. movens der Strukturierung der Psyche. Diese Betrachtung nimmt innerhalb der Therapiepraxis immer noch einen
großen Stellenwert ein, vor allem die resultierende Schlußfolgerung
vieler Analytiker (KUIPER, 1961; LAMPL-DE-GROOT, 1962 und
andere), die Konflikte der Frau seien letztlich zurückzuführen auf
die Penislosigkeit, mit der die Frau nicht fertig geworden sei.

2) Dieser besonders neuralgische Punkt wird von anderen Psycho-
analytikern so aufzulösen versucht, daß sie den Hauptakzent in der
Konfliktgenese auf die präödipale Phase, die Bedeutung der frühen
Mutter-Tochter-Beziehung legen.

2. DIE ÖDIPUSKONZEPTION UND DIE ENTWICKLUNG DER WEIBLICHEN SEXUALITÄT

2.1 Die Implikationen der Ödipussituation

Im Folgenden soll nun eine immanente Kritik der FREUDschen und nachfreudianischen Auffassungen geleistet werden. Es handelt sich dabei um eine Prämissenkritik, dort, wo die anatomischen Voraussetzungen zum movens der Entwicklung der weiblichen Sexualität gemacht werden und um eine Kritik der libidotheoretischen Voraussetzungen, soweit sie für die Darstellung der weiblichen Entwicklung relevant sind. Untersucht wird die mangelhafte Vermittlung der Konzeption der Libidoorganisation mit der Organisation der Objektbeziehungen einerseits und den anatomischen Voraussetzungen andererseits.

Ein kurzer Hinweis für mit der psychoanalytischen Terminologie nicht Vertraute: Bei Begriffen wie Elternobjekt, Liebesobjekt, Sexualobjekt handelt es sich um Eltern-usw.-Repräsentanzen, Imagines, die zwar auf dem Boden realer Erfahrung ausgebildet worden sind, aber nicht mit den faktischen Eltern usw. identisch sind oder zu sein brauchen.

2.1.1 Der Parallelismus zwischen den Geschlechtern

FREUD zufolge ist die Sexualität des Kindes zunächst nicht ausdifferenziert nach männlich und weiblich, ja die Äußerungen des Kindes sind weniger durch das Vorhandensein eines richtigen Sexualobjektes gekennzeichnet als vielmehr qualifiziert durch die Herrschaft erogener Zonen, der sie unterstehen, und durch das Ziel der Abfuhr, d.h. dem Erlangen von Befriedigung. Dennoch steht die Sexualäußerung des Kindes von vornherein nicht objektlos da, sondern ist geknüpft an die von der Mutter geschaffenen Befriedigungserlebnisse des Gesäugtwerdens; an dieses Erlebnis wird dann die masturbatorische Betätigung der oralen Zone, etwa das 'Wonnesaugen' angeschlossen, später an das Erlebnis der Reinlichkeitspflege und -erziehung die masturbatorische Betätigung der Darmmuskulatur und des Afters (Zurückhalten und Freigeben der Stuhlmassen).

Das Kind ist sozusagen eine "polymorph-perverse Lustmaschine", wobei diese Lust durchaus als sexuell-libidinös qualifiziert wird, ohne daß die Genitalzone als Ursprung sexueller Empfindung aufgefaßt wird; die sexuelle Betätigung dieser Zone steht in einer zeitlich kontinuierlichen Reihe mit den anderen erogenen Zonen. Die Herrschaft dieser Zonen geben den Rahmen ab für eine affektiv-libidinöse Bindung an die Mutter; eine Objektwahl ist durchaus vorhanden und die zielstrebige Erforschung (welche, allerdings nur in einer Fußnote, schon in den 'Drei Abhandlungen' unter der Bezeichnung 'phallisch' als derjenige Vorläufer erwachsener Sexualität bezeichnet wird, der der genitalen Betätigung am nächsten kommt) der eigenen Sexualzukunft bedient sich der aus dieser Erfahrung herrührenden Repräsentanzen. Vage Koitusvorstellungen des Kindes werden mit oralen und anal-urethralen Lustvorstellungen in Verbindung gebracht.

Am Ende dieses "ersten Schubes" der Sexualentwicklung und endgültig in der "Umgestaltung der Pubertät" beginnt die Ausdifferenzierung der Geschlechter, in männlich und weiblich. Hier ist zu fragen, warum FREUD die Qualität sexuellen Empfindens, ja die Libido selbst plötzlich als männlich bezeichnet, was rückwirkend für die polymorph-perverse Situation gelten soll, wo zwar nicht das Gegensatzpaar männlich-weiblich sondern aktiv-passiv verwendet, dann aber doch die Identifizierung von aktiv-männlich und passiv-

weiblich zustande kommt. Die Ausdifferenzierung der eigenen Geschlechtlichkeit scheint eine Ausdifferenzierung der Libido mitzu-
beinhalten. FREUD zufolge erfordert es die Entwicklungsrichtung
nämlich, sämtliche autoerotischen, auf Lustgewinn am eigenen Körper ausgerichteten Libidostrebungen zusammen zu fassen unter ein
Ziel, das nicht mehr objektlos sein soll, sondern "beim Manne ge-
bieterisch auf das neue Sexualziel hinweist, auf das Eindringen in
eine die Genitalzone erregende Körperhöhle ..." (FREUD, Ges.
Werke V, S. 123). Hier wird schon in Kraft gesetzt, was zur Diskussion steht, daß nämlich als Paradigma einer genitalen reifen
Sexualität eindeutig die männliche Sexualäußerung gilt: "Die Entwicklung der Sexualitätshemmung erfolgt beim kleinen Mädchen frühzei-
tiger ... die Neigung zur Sexualverdrängung scheint überhaupt größer ... Die autoerotische Betätigung der erogenen Zonen ist aber
bei beiden Geschlechtern die nämliche. Mit Rücksicht auf die autoerotischen und masturbatorischen Sexualäußerungen könnte man den
Satz aufstellen, die Sexualität des kleinen Mädchens habe durchaus
männlichen Charakter". (FREUD, Ges. Werke V, S. 120) Denn,
schließt FREUD, "die Libido sei regelmäßig und gesetzmäßig männlicher Natur". (Ges. Werke V, S. 120) Die Gültigkeit und Notwendigkeit dieses Paradigmas scheint darin verankert zu sein, daß die
nichtgenitalen Formen der Sexualäußerungen (die Partialtriebe) wesentlich passive, d.h. aufs eigene Selbst gerichtete Qualität haben,
also Forderungen ans Mutterobjekt ausdrücken 'ich will befriedigt
werden', sofern sie nicht durch masturbatorische Tätigkeit erledigt
werden können. Demgegenüber beinhaltet aber das Genitalprimat
als Kriterium oder conditio sine qua non eine andere Form der
Näherung ans Objekt. Da aber ganz phänomenologisch betrachtet,
die Frauen tatsächlich weniger zielstrebig auf potenzielle Sexualobjekte zugehen und dies auch gar nicht zu ihrer Rolle gehört, scheint
es gerechtfertigt, als Paradigma zielstrebigen genitalen Verhaltens
das männliche gelten zu lassen und von da aus rückzuschließen auf

die 'normale' Frau, von deren Entwicklung FREUD schreibt: "Die des Mannes ist die konsequentere, auch unserem Verständnis leichter zugängliche, während beim Weibe sogar eine Art Rückbildung auftritt". (Ges. Werke V, S. 108) Alles, was etwa an aktiven Verführungsverhalten beim kleinen Mädchen auftritt, verbucht er dann aufs Konto 'männlich'. Das männliche Verhalten als Paradigma sexueller Reife taucht weiter auf in der Konstituierung eines neuen Sexualziels, denn da dies Ziel sich im Suchen nach einem geeigneten Objekt zeigt, ist für das Mädchen wieder nur festzustellen: "Die Neigung zur Verdrängung scheint überhaupt größer". (Ges. Werke V, S. 120) Deskriptiv wird die Verdrängungsdynamik beschrieben als Resultat der Beschaffenheit des weiblichen Genitales und seiner (fälschlich) vorausgesetzten Funktion: das Eindringenlassen, die als rezeptiv bezeichnete Funktion des weiblichen Genitales, bringt weniger eindeutige Triebäußerungen zustande und scheint zu implizieren, daß das Mädchen zwei Genitalorgane hat, wobei das eine, die Vagina, vom Mädchen weniger wahrgenommen wird und das andere, die Klitoris, nicht das 'richtige' ist, obwohl behauptet wird: "Die gerade bei kleinen Mädchen so häufigen Spontanentladungen der sexuellen Erregtheit äußern sich in Zuckungen der Klitoris und die häufigen Erektionen derselben ermöglichen es den Mädchen, die Sexualäußerungen des anderen Geschlechts auch ohne Unterweisung richtig zu beurteilen, indem sie einfach die Empfindung der eigenen Sexualvorgänge auf die Knaben übertragen". (Ges. Werke V, S. 121-122) Diese Betätigung ist aber gemäß dem geltenden Paradigma männlich und muß ersetzt werden durch die Herrschaft der Vagina, die schon in der analen Phase auf Grund ihrer Lage 'inter urines et faeces' eine Rolle spielt: "Der später geforderten reinlichen Scheidung von Anal- und Genitalvorgängen widersetzen sich die nahen anatomischen und funktionellen Analogien und Beziehungen zwischen beiden. Der Genitalapparat bleibt der Kloake benachbart, 'ist ihr beim Weibe sogar nur abgemietet'".

(Ges. Werke V, S. 88)

Es ist zunächst nicht einsichtig, inwiefern die Klitorissexualität
eine Hemmung der genitalen Zusammenfassung darstellen soll, nicht
das 'richtige' ist; andererseits, inwiefern die Integration der Vagina als anales Relikt in die Genitalität notwendig eine Rückbildung
innerhalb der psycho-sexuellen Entwicklung bedeutet. Die Ausdifferenzierung der Geschlechtlichkeit, hier der Weiblichkeit, beinhaltet FREUD zufolge nicht nur das Moment der Rückbildung sondern
auch das der Verdrängung, welche er als dem Wesen der Weiblichkeit inhärent betrachtet. Darin "liegen die Hauptbedingungen für die
Bevorzugung des Weibes zur Neurose. Diese Bedingungen hängen
also mit dem Wesen der Weiblichkeit innig zusammen". (Ges.Werke
V, S. 123)

Obwohl FREUD zugibt: "auch ist es nicht immer leicht auseinander-
zuhalten, was dem Einfluß der Sexualfunktion und was der sozialen
Züchtung zuzuschreiben ist" (Ges. Werke XV, S. 141), ist er ständig in Gefahr, die soziale Norm zur psychosexuellen Gesetzmäßigkeit zu machen. Die Verdrängung, die doch eine reaktive Bildung
ist, wird bei ihm zur Verdrängungsneigung, die er der bisexuellen
Organisation der Libido für inhärent hält. Diese mangelnde Trennung von inhärenter Gesetzmäßigkeit und reaktiver Bildung auf schon
wirksame Objektbeziehungen kennzeichnet auch FREUDs Beschreibung der ödipalen Situation.

Die Art der Objektbeziehungen, der Liebeswünsche gegenüber den
Eltern, ist wesentlich beeinflußt durch die kindlich-phantastischen
"Sexualtheorien", die bestimmte Vorstellungen über das Liebesob-
jekt beinhalten. Diese Vorstellungen, der phallischen Phase zuge-
hörig, entwickeln sich aus der libidinösen Besetzung des eigenen
Genitales, mit dem das Kind auch alle anderen Personen behaftet
glaubt. Grund dieser Vorstellung sind FREUD zufolge die lustvollen
Sensationen, die vom Genitale, der nunmehr beherrschenden Zone

ausgehen und die Suche nach bestimmten Zielen für empfundene
Impulse initiieren. Einziges in der Vorstellung existentes Sexualorgan ist der Penis; obwohl dies zunächst nur für den Knaben formuliert wird, wird derselbe Mechanismus auch für das Mädchen
postuliert, das Genitalsensationen von der Klitoris empfängt. Die
Lustbetontheit dieser Sensationen stehen in dem Erleben des Kindes noch nicht unmittelbar in Zusammenhang mit der Fortpflanzung
und der Frage nach der Herkunft des Kindes. Dennoch enthält die
Fortpflanzung jene Lustkomponente in der kindlichen Vorstellung,
das Kind werde durch den Darm geboren, was anknüpft an die dieser Zone zugehörige Lusterfahrung. Darin steckt ein wichtiger Aspekt, der für die Entwicklung des Mädchens relevant ist: die Existenz der Kloakentheorie, der Geburt des Kindes durch den Anus.
Die Übernahme dieser - auf der kindlichen Stufe noch keineswegs
mit Ekel und Verboten bedachten - analen Funktion durch die Vagina,
kann nachträglich das weibliche Genitale, Vagina und Klitoris mit dem
Odium des verpönten analen Bereiches versehen und kann den Grund dafür
abgeben, warum das weibliche Genitale mit Bildern und Vorstellungen verknüpft wird, die eine eindeutige und positive Besetzung er-
schweren. Das legt aber zumindest nahe, das Postulat von der
Existenz nur eines einzigen Sexualorgans (des männlichen) in der
Vorstellungswelt des Kindes genauer zu überprüfen.

Halten wir zunächst fest, daß für Knabe und Mädchen die nämlichen
sexuellen Impulse gelten sollen und daß für beide nur ein Sexualorgan - der Penis existiert. Des weiteren, daß diese Impulse sich
in libidinösen Wünschen in Bezug auf die elterlichen Liebesobjekte
manifestieren. Dennoch aber bleibt die Koitusvorstellung als die
einer realisierten Objektbeziehung im Dunkeln. Für das Mädchen
aber scheint die Vorstellung über das eigene Sexualorgan den Weg
zum Genitalprimat noch mehr zu verbauen: ist es für den Knaben
schon schwierig, seine vom Penis ausgehenden Impulse umzusetzen
in die Vorstellung einer körperlichen Vereinigung mit der Mutter

und später mit einem Liebesobjekt nach dem Muster dieses ersten Objektes, so ist das für das Mädchen umso schwieriger, als weder die Organimpulse der Klitoris, noch das Liebesobjekt der später vom Mädchen zu realisierenden, weil gesellschaftlich geforderten genitalen Situation entsprechen. Das ergibt sich konsequenzlogisch aus FREUDs Darstellung. Denn die Wünsche des Kindes müssen sich an einer schon vorgefundenen Objektbeziehung zwischen den Eltern entwickeln, nach deren Muster sich dann die kindlichen Vorstellungen gestalten. Dabei ist zu beachten, daß das Kind in der von FREUD ins Auge gefaßten bürgerlichen Kleinfamilie aus einer existentiellen Dimension ausgeschlossen wird: aus der sexuellen Kommunikation zwischen den Eltern.

Nun ist nach FREUD das Kind nicht nur zu einer Art Objektwahl fähig, sondern nähert sich einer genitalen Objektwahl an, die die radikale Verschiedenheit zwischen kindlicher und erwachsener Sexualität aufhebt; mit einem Unterschied - es existiert für das Kind nur ein Sexualorgan. Die kindliche Genitalorganisation, die "phallische", gilt aber zunächst nur für das männliche Kind, wie FREUD in "Die infantile Genitalorganisation" (Ges. Werke XIII, S. 291-298) betont. In der Phantasie des Kindes, das keine Aufklärung bekommt, erhält bei Entdeckung des Geschlechtsunterschiedes die beobachtete Geschlechterdifferenz die Bedeutung 'phallisch' und 'kastriert'. Das wird später für das Paar 'männlich-weiblich' übernommen - weiblich erhält die Bedeutung 'kastriert'. Gilt dies zunächst für das männliche Kind und den späteren Mann, so bleibt bei FREUD unklar, mit welcher spezifisch genitalen Bedeutung für sich und ihr Genitale das Mädchen diese Differenz denn eigentlich versieht, abgesehen von offensichtlich vorhandener, über Schau- und Bemächtigungstrieb vermittelter Neugier und Neid. Diese Bedeutung müßte sich aber aus den Objektbeziehungen innerhalb der ödipalen Situation erschließen lassen, denn in diesem Rahmen besteht die Möglichkeit, 'feminine' Sexualstrebungen und deren Deformie-

rungen durch und mit symbolischen 'Phallusnormen' - Bevorzugung
des Jungen, Induzierung von Minderwertigkeitsgefühlen, spezifische
Arten der Zuwendung - zu erhellen.

2.1.2 Die phallische Sexualität des Mädchens

In diesem Abschnitt soll nun die Darstellung der Libidoorganisation
des Mädchens im Hinblick auf seine Objektbeziehungen diskutiert
werden.

Die ödipale Dreieckstruktur Vater-Mutter-Kind ist extrapolierbar
in zwei duale Beziehungsmuster, wobei die elterlichen Objekte unterschiedliche Funktionskreise abdecken. Die Mutter stellt für Junge
und Mädchen das Objekt aktiver Wünsche dar, der Vater gilt als Er-
füller passiver. Die Mutter will man lieben, vom Vater will man
geliebt werden. (Vgl. FREUD, Ges. Werke XIII, S. 395-402, S.256
bis 264) Die psychosexuelle Entwicklung besteht nun nicht nur darin,
sich von den Eltern hinsichtlich sexueller Wünsche zu lösen, sondern auch darin, auf einen Teil der sexuellen Strebungen zu verzichten. Für das Mädchen heißt das, aktive Strebungen aufzugeben
und das Sich-Lieben-Lassen als sexuelle Identität auszubilden.
FREUD formuliert erneut Widersprüchliches. Er hält nämlich andererseits die Sexualstrebungen des Mädchens für stark genug, um
sie als 'phallisch' zu bezeichnen (Ges. Werke V, S. 120): sein Genitale ermöglicht ihm ja alle Sensationen, die es in aktive Liebe
umsetzen will. Dies Genitale wird aber als mangelhaft bezeichnet,
als kastriert - also kann es nicht lieben, sondern muß sich lieben
lassen. Man kann ruhig annehmen, daß das Mädchen das Nichtvorhandensein des Penis akzeptiert; man kann jedoch nicht ohne weiteres wie FREUD daraus schließen, daß die 'klitoralen' Libidostrebungen, die bisher seine Aktivität strukturiert haben, ausge-
schaltet sind oder werden können. Da eine automatische - etwa

organisch fixierte - Verknüpfung von Penis und Aktivität immanent durch FREUDs eigene Annahme einer 'phallischen' Phase des Mädchens zumindest modifiziert wird, kann die postulierte Passivität des Mädchens als kultureller bias FREUDs betrachtet werden: das dem Mädchen organisch fehlende Sexualorgan wird dabei zum Symbol von Aktivität hochstilisiert. Das hat jedoch objektive Gründe gesellschaftlicher Natur, die hier allerdings nicht als solche zur Debatte stehen.

Das Nichtvorhandensein des Penis wird allerdings ins Erleben des Mädchens hineingenommen. Der Mangel als Erlebnis - das Mädchen anerkennt seine Kastration - und seine Folgen, scheint meines Erachtens der Erfolg von Sexualeinschüchterung zu sein. Das hat ein Abhängigwerden von den Liebesobjekten zur Folge: das 'Du bist kastriert' wird verknüpft mit dem Versprechen 'Du wirst geliebt' und die Drohung des Entzugs der Liebe bindet das Mädchen. Man gewinnt den Eindruck, daß sich innerhalb der psychoanalytischen Theorie die Entwicklung des Mädchens zum Sexualobjekt, die sich real vollzieht, spiegelt, in der das Mädchen lediglich Ergänzung, Komplement der männlich-konsequenten Entwicklung zu sein hat.

Problematisch innerhalb des theoretischen Konzepts ist vor allem die Identifizierung des 'Weiblichen' mit einem Teil, dem passiven, des Wechselspiels der aktiv-passiven Libido. Ich halte es keineswegs für eine innerpsychische Notwendigkeit sondern für eine Reaktion auf äußeren Druck, wenn für das Mädchen das spätere Liebesobjekt (nach dem Vatervorbild) unauflöslich mit passiven Strebungen verknüpft ist.

Die vollständige Ödipussituation, in der sämtliche libidinösen Strebungen, passive und aktive, und beide Arten der Objektwahl, gleichgeschlechtliche und gegengeschlechtliche enthalten sind (FREUD, Ges. Werke XIII, S. 261), ist Endstadium des ersten Schubes der Sexualentwicklung. Dem voraus geht die Verknüpfung der onanisti-

schen Betätigung am Genitale mit den Repräsentanzen der ödipalen
Liebesobjekte in der Phantasie. Bevor jedoch das Mädchen seine
phallische masturbatorische Tätigkeit mit ödipalen Phantasien in
Verbindung gebracht hat, geht die Entdeckung des Penis vor sich
und das Mädchen verfällt dem Penisneid.(FREUD, Ges. Werke
XIII, S. 23) Damit steht m.E. aber in Frage, ob man überhaupt
beim Mädchen in gleicher Weise von phallischer Strebung reden
kann, wie FREUD behauptet. Vor der Entdeckung des Penis dürfte
man in präzisem Sinne nicht von phallischen Äußerungen reden:
die sexuellen Aktivitäten äußern sich noch nicht in der fast- genitalen Weise, die aufs heterosexuelle Liebesobjekt gerichtet ist; die
dieser Phase zugeordnete masturbatorische Tätigkeit ist nicht mit
'ödipalen' (Inzest-) Phantasien verknüpft. Nach der Entdeckung des
Penis ist aber die phallische Äußerung selbst keine normallibidinöse,
sondern eine Reaktion, ein Kompromiß, da sie nur aufgrund einer
Verleugnung des weiblichen Genitales weiterverfolgt werden kann.
Die phallische Äußerung des Mädchens wird bei FREUD einmal als
Reaktionsbildung dargestellt - das kleine Mädchen tut so, als wäre
es ein Knabe und leugnet den Unterschied - zum anderen aber als
ganz normal und genuin weiblich - man müsse anerkennen, das
kleine Mädchen sei ein kleiner Mann.(FREUD, Ges. Werke XV,
S. 126) FREUD behauptet also eine Parallelität der psychosexuellen
Entwicklung um sie sogleich zurückzunehmen.

Nimmt man an, die weibliche Sexualäußerung sei ihrer Natur nach
phallisch, so wäre die Entwicklung zur weiblichen Passivität, die
doch als ebenso natürlich behauptet wird, kaum erklärlich und nur
aufgrund äußerer Repression auf solche Strebungen möglich. Die
Tatsache, daß die Frau sich tatsächlich passiv verhält, wird mit
dem Verweis auf konstitutionelle Momente, einer angeborenen
schwächeren Libidodisposition der Frau allzu schnell erledigt. Diese Aussage erweist sich auch im Hinblick auf die infantilen Äußerungen als Widerspruch, wird doch behauptet, das Mädchen empfin-

de die gleichen und gleich intensiven Strebungen. (FREUD, Ges. Werke V, S. 121) Eine andere psychoanalytische Auffassung, vertreten durch JONES (1933), bezeichnet die phallischen Strebungen nur als Reaktion, nicht als genuin weiblich. Hier wäre zu fragen, warum und mit welcher innerpsychischen Notwendigkeit diese Reaktion zustande kommt und wo sich im infantilen Erleben Momente zeigen, die auf frühe Unterschiede zwischen männlicher und weiblicher Entwicklung schließen lassen.

Die Annahmen von JONES und FREUD stützen sich beide auf das Moment der Bisexualität, werden jedoch dieser Annahme nicht gerecht. Es handelt sich m.E. um ein ungelöstes Paradox: die Libido, so wird behauptet, sei eine Einzige, sexuelle Kraft schlechthin, die sich aber zweifach äußere, in männlichen und weiblichen Strebungen. Nun scheint mir aber in dieser Auffassung der weibliche Pol dieser Libido entweder in Dunkel gehüllt, oder nur schwaches Abbild des männlichen zu sein. Weiterhin ergibt sich, daß die Annahme einer 'phallischen' Libidostrukturierung zwar die Macht der Ödipussituation erklärt - daß eine fast genital zu nennende intensive Objektbindung möglich wird. Gleichwohl ist das Konzept der phallischen Struktur in sich widersprüchlich. Objektbeziehung und Libidoorganisation des Mädchens werden nicht vermittelt: die phallische Struktur wird libidotheoretisch abgeleitet, aber vom Objekt her konstruiert und nicht von der Bezugnahme des Kindes. D. h. die phallischen Strebungen tauchen nur an der Mutter auf, nicht aber dem Vater gegenüber, denn da sind sie deplaziert: "Mitunter begegnen sie uns als Übertragungen auf das spätere Vaterobjekt, wo sie nicht hingehören und das Verständnis empfindlich stören". (FREUD, Ges. Werke XIV, S. 531) Aufgrund dieses Paradoxons wird eine Erklärung weiblicher Entwicklung kompliziert: Nimmt man einen Parallelismus der Geschlechter an, so muß sich dieser auch aufs Liebesobjekt erstrecken. FREUD betont nun, daß die Mutter das erklärte Liebesobjekt des Mädchens sei. (Ges. Werke

XIV, S. 531) Die Wahl des gegengeschlechtlichen Objekts, des Vaters, ist dann aber schwer aus einer innerpsychischen Notwendigkeit zu erklären. Nimmt man dagegen mit JONES an, der Parallelismus erstrecke sich nicht aufs Liebesobjekt, der Vater sei also
primär Objekt der Libidostrebungen des Mädchens, so würde sich
eine phallische Struktur beim Mädchen nicht vereinbaren lassen mit
dem Postulat, die Strebung dem Vater gegenüber sei passiv-erwar-
tender Natur (was auch für den Knaben gelten soll). Vorhandene
Strebung und gewähltes Objekt würden nicht zusammenpassen (JONES,
1928; 1933).

JONES (1933, S. 322-357) hat Entscheidendes zur Klärung dieses
Problems beigetragen. Er zerlegt die sogenannte 'phallische Phase'
selbst in eine proto- und eine deuterophallische. Die erstere ist
dadurch gekennzeichnet, daß in ihr noch gewissermaßen unbefangen
libidinöse Wünsche gegenüber den elterlichen Liebesobjekten geäus-
sert werden und die entsprechende sexuelle Erregung in masturba-
torischer Betätigung entladen wird, während die deuterophallische
Phase eine Reaktion auf die Gefahren der Ödipussituation und die
elterlichen Verbote darstellt. JONES kritisiert FREUD kurz gesagt
dahingehend, daß dieser aufgrund der Tatsache, daß sich das Mädchen nach Entdeckung des anatomischen Geschlechtsunterschiedes so
verhält, als sei es ein Knabe, fälschlich rückschließe auf eine
Männlichkeit des Mädchens in der vorausgegangenen protophallischen
Phase. JONES weist darauf hin, daß in der protophallischen Phase
die onanistischen Akte des kleinen Mädchens durchaus als Abfuhr
der Sexualerregung zu verstehen sind, welche durch die Ödipussituation zustandekommt. Die Onanie des kleinen Mädchens unterscheidet sich nach Art und Technik von der des Knaben, was nahelegt,
die Annahme einer Parallelentwicklung oder 'Männlichkeit' des Mädchens zu modifizieren. Ihre protophallische Tendenz ist dadurch gekennzeichnet, daß sowohl alloerotische (alimentär-orale, explizit
nicht-autoerotische) als auch heteroerotische objektlibidinöse Stre-

bungen vorherrschen, die sich sowohl auf die Mutter als auch auf den Vater beziehen. Die Liebesobjekte werden eher in einer "Vereinigte-Eltern-Objekt" (JONES, 1933, S. 352) erlebt.

Der Anblick des Penis unterbricht diese protophallische 'Tendenz. FREUD zufolge erzeugt er im Mädchen 'im Nu' den Wunsch, ihn zu besitzen; da es ihn nicht hat und haben kann, verstärkt das Mädchen seine phallischen Aktivitäten, den Penis auf diese Weise wenigstens als Besitz imaginierend. (Ges. Werke XIV, S. 24) JONES fragt nun nach dem Grund dieser Verstellung bzw. der Verleugnung der eigenen Weiblichkeit seitens des Mädchens. Er ist der Meinung, daß der Anblick des Penis eher die objektlibidinösen Wünsche des Mädchens verstärke, den väterlichen Penis in sich aufzunehmen. Diese nötigen ihm aber eine Entwicklung ab, um der ödipalen Gefahr zu entgehen, diese Wünsche dadurch zu leugnen, daß es seine weibliche Beschaffenheit leugnet. Die phallische Äußerung ist nach JONES als psychische Neubildung bzw. als neurotische Defensivreaktion auf das antizipierte Mißlingen der weiblichen Haltung in der ödipalen Situation zu verstehen; das Mädchen wird sozusagen aus Angst männlich. Demgegenüber würde in FREUDs Konzeption das Mädchen auf Grund des Mißlingens seiner ursprünglichen Männlichkeit weiblich.

JONES versucht, seine Annahmen am Beispiel der Entwicklung des Knaben zu beweisen: der Knabe verschafft sich in der protophallischen Phase durch onanistische Akte die Erregungsabfuhr von 'Durchdringungsimpulsen'. JONES vergleicht dies mit dem deuterophallischen Verhalten, in dem dieses Charakteristikum vorzugsweise fehlt: der größte Teil der sexuellen Energie und Neugier des Knaben bezieht sich auf den Vergleich seiner selbst und seines Gliedes mit anderen Knaben und Männern. Veranlaßt wird diese Veränderung des Verhaltens durch die Kastrationsdrohung und den Anblick des weiblichen Genitale; die anschließend erfolgende Konzentration der

Libido auf den eigenen Penis interpretiert JONES als Ausdruck der
Inzestangst, geboren aus dem 'unbewußten Wissen', daß das weibliche Genitale der Ort sei, an dem seine ödipalen Inzestwünsche
erfüllt werden: "Die Furcht, daß dieser Wunsch verwirklicht würde,
kann sicherlich die Furcht vor dem Kastriertwerden erklären, denn
das eine ist, genauer gesehen, mit dem anderen identisch, und es
kann ferner den Abscheu vor dem weiblichen Genitale verständlich
machen als vor dem Ort, wo solche Wünsche erfüllt worden sind.
Aber daß der Knabe Koitus und Kastration gleichstellt, scheint zu
beweisen, daß er vorher etwas vom Eindringen weiß ... Die Vorstellung von der Vulva muß jener der Kastration vorausgehen".
(JONES, 1933, S. 328-329) Damit wird aber die Annahme der Existenz der Eingeschlechtlichkeit in der Vorstellung des Kindes und
die Annahme einer parallelen Sexualentwicklung entscheidend modifiziert.

Für das kleine Mädchen gilt nach JONES, daß die Entdeckung des
Penis die ursprünglichen weiblichen Wünsche, "die lustbetonte Vorstellung, den Penis in sich aufzunehmen" (JONES, 1933, S. 346)
reaktiviert, gleichzeitig die Angst vor der ödipalen Gefahr verstärkt
und das phallische Verhalten auf den Plan ruft. JONES geht sogar
soweit zu behaupten, "daß die vorhergehende heterosexuelle Alloero-
tik der frühen Phase - bei beiden Geschlechtern - (sich) weitgehend
in eine homosexuelle Autoerotik vom Charakter eines Ersatzes verwandelt. Diese spätere Phase wäre demnach bei beiden Geschlechtern weniger eine rein libidinöse Entwicklung als ein neurotischer
Kompromiß zwischen Libido und Angst, zwischen den natürlichen
libidinösen Impulsen und dem Wunsch, Verstümmelungen zu vermeiden". (1933, S. 356)

Für das Mädchen ist die Imaginierung eigener Männlichkeit irreal
und deshalb 'ungefährlich' - es erfährt sich ja als schon kastriert.
Der Knabe dagegen muß seine Männlichkeit beweisen, ohne aktiv

werden zu können, da immer das Damoklesschwert der Kastration
über ihm schwebt. Beides verweist jedoch auf die dahinter stehende
Furcht vor dem gänzlichen Verlust der Sexualität (Kastration im
eigentlichen Sinn), die sich symbolisiert in der Verleugnung des
weiblichen Genitales: das Mädchen verleugnet es bzw. nimmt es
nicht zur Kenntnis, der Knabe verachtet es, beide haben Angst davor; das Mädchen auf Grund der Furcht, die an die Erfüllung ödipaler Wünsche in Zusammenhang mit dem Genitale gebunden ist,
der Knabe aus demselben Grund, mit der existentiellen Differenz
allerdings, daß er nicht das eigene sondern das andere Geschlecht
zu negieren sucht.

2.1.3 Der Kastrationskomplex - symbolische Bedeutung und reale Erfahrung

"Das Weib anerkennt die Tatsache seiner Kastration ..." (FREUD,
Ges. Werke XIV, S. 522)

FREUD zufolge bedeutet die Feststellung des anatomischen Unterschiedes eine nicht mehr weiter auflösbare Erfahrung des Kastriertseins für das Mädchen; eine Erfahrung, die eindeutig ist. Blitzar-
tig stellt das Mädchen fest: ich habe es nicht - ich will es haben
und - ich bin minderwertig.

Diese Erfahrung bedeutet eine irreduzible narzißtische Kränkung.
Diese Interpretation ist jedoch, wie oben schon angedeutet, keineswegs schlüssig, und bezieht nicht das gesamte Feld ödipaler Beziehungen und ihrer Wirkungen, insbesondere die des Vaters mit
ein. LAMPL-de-GROOT (1927; 1933) sucht die narzißtische Kränkung weiter aufzuschlüsseln, indem sie die Erfahrung des Kastriertseins gleichsetzt mit der des Objektverlustes: die Tatsache, daß
dem Mädchen das entscheidende Werkzeug fehlt, um seine libidinösen Wünsche der Mutter gegenüber zur Vollendung zu bringen, führt

das Mädchen zum - notwendigen - Verzicht auf die Mutter als Liebesobjekt. Wenn dem aber so sein soll, so muß m.E. eine Vorstellung existieren, die genau die Beschaffenheit des Penis zur Befriedigung dieser Wünsche erfordert; kurz, am Anblick des Penis dürfte eigentlich zunächst nicht das Gefühl der Minderwertigkeit auftauchen, sondern dem vorausgehend, eine Koitusvorstellung.

ABRAHAM (1921) findet bei seinen Patientinnen nun durchaus keine primären Gefühle der Benachteiligung, sondern die Vorstellung des Beraubtseins; des Verlusts also und nicht des Mangels oder Defekts. Er geht allerdings wie FREUD aus von einem primären Mangel. Der Mangel hat, weil er biologisch vorhanden ist, auch psychisch da zu sein; die psychische Realität des Beraubtseins interpretiert ABRAHAM als sekundäre Überformung, als eine Erklärung, die sich das Subjekt selbst für diesen primären Mangel gibt. Doch taucht die Erfahrung der Penislosigkeit nicht als Mangel auf sondern als Wunde, als Kastrationsspur.

JONES (1933) zufolge betrifft die Kastration und ihre Androhung gerade die Inzestwünsche und damit die Vorstellung des inzestuösen Koitus, so daß Koitus gleich Kastration bedeutet. Das weibliche Genitale ist so zunächst nicht ein kastrierter defekter oder mangelhafter Penis, sondern der Ort, an dem inzestuöse Wünsche befriedigt werden, aber gleichermaßen für Mädchen und für Knaben verboten werden; das weibliche Genitale symbolisiert also Koitus und Kastration. Die Beobachtung, daß weibliche Patienten das weibliche Genitale als Wunde und Kastrationsspur aufgefaßt haben, läßt den Schluß zu, daß in diese Vorstellung das Bild vom Koitus mit dem Vater hineingewirkt hat, daß also die Entdeckung des Penis zunächst einen Zusammenhang zwischen Inzestwünschen und Genitale gestiftet hat. Das impliziert allerdings, daß der Vater für das kleine Mädchen primär als Liebesobjekt von Bedeutung ist.

Die Erfahrung, die das kleine Mädchen macht, wäre also erst in

zweiter Linie die des Verlusts oder des Mangels, in erster Linie
würden Wünsche aktiviert nach der oralen oder genitalen Vereinigung mit dem väterlichen Penis, die zugleich Angst erzeugen; Angst
vor der Mutter und dem Akt, ihr den väterlichen Penis zu rauben
und Angst vor diesem Penis selbst, vor dessen Eindringen und seiner zerstörerischen Macht; Angst vor der Vergeltung und dem Verlust der elterlichen Liebe.(JONES, 1928; 1933)

In neueren psychoanalytischen Darstellungen versucht TOROK (1974)
die Konzeption des weiblichen Kastrationskomplexe als irreduzibler
Mangelerfahrung zu kritisieren und aufzulösen: "Klinisch gesehen
ist ... die Entdeckung des männlichen Geschlechts häufig mit der
verdrängten Erinnerung an eine orgastische Erfahrung verbunden".
(1974, S. 202) TOROK berichtet weiterhin von einer Patientin, die,
seit sie im Schwimmbad mit Knaben zusammengekommen war, immer den Satz wiederholt: "so kann ich nicht leben"; in ihrem Bewußtsein heiße das: ohne Penis.(1974, S. 202) Gleichzeitig spürt sie
jedoch eine "Woge der Erregung", die auch in ihren Träumen auftaucht, von denen TOTOK berichtet: "Der Traum handelt zunächst
von einer 'unsagbaren Freude', die sich dann in Depression verwandelt. Am Ufer des Meeres. Sie wartet. Um sie herum sammelt
sich eine aufgeregte Menschenmenge (Erwarten des Orgasmus); hinter ihr sind Toiletten (Erinnerung an eine Masturbationsszene). Sie
sitzt auf der Erde. Auf ihren gespannten Rock setzt sich plötzlich
ein schönes weiches Tier mit einem seidigen Fell. Sie atmet tief,
breitet die Arme aus und streichelt es. Bewundernd zittert die
Menge mit ihr. Alles war 'so voll', 'so wunderbar'. Dieser Augenblick, sagt sie, 'enthielt alles, alles, was ich je gewesen bin, alles,
was ich je sein werde'.Dieser Traum illustriert ausgezeichnet, daß
sich die verdrängte orgastische Phantasie auf die Einverleibung des
Penis in seiner Triebfunktion als Erzeuger des Orgasmus bezieht.
Dieselbe Kranke empfand ihren Körper als unvollendet, sie wünschte
sich einen 'Bildhauer', der ihr 'die Arme machen' sollte. Ihre

Hände konnte sie nur in beschränktem Maße benutzen, da sie an
Masturbationstätigkeiten gefesselt waren ... Von Ferenczi wissen
wir, daß die Masturbation mit einer Verdoppelung des Subjekts einhergeht; das Subjekt identifiziert sich mit beiden Partnern zugleich
... Wir wollen eine weitere Bedeutung (...) dieses Sichberührens,
dieser durch den Orgasmus authentisch gewordenen Erfahrung des
'Ich-Mich' hinzufügen: 'Da ich es mir selbst machen kann, habe
ich diejenigen überwunden, die mir die Lust bisher nach ihrem
Gutdünken gewährt oder verboten haben'". (TOROK, 1974, S.204-
205) Der Anblick des anderen Geschlechts reaktiviert TOROK zufolge das Bewußtsein des eigenen. Der Mangel, der dabei empfunden wird, ist nur der einer gehemmten, weil verbotenen Masturbation: die Patientin im obigen Zitat empfindet sich als kastriert.
Sie kann so nicht mehr leben, sie wünscht sich einen Bildhauer,
der ihr die Arme machen soll, weil sie sie als mangelhaft empfindet; dies Mangelgefühl bezieht sich nicht auf ihr Genitale, sondern
auf die verbotene masturbatorische Tätigkeit. Sie ist beschnitten
um das angst- und schuldfreie Erlebnis der Selbstbefriedigung, das
zugleich eines der Selbstidentifizierung ist. Die Masturbation, das
'Ich-Mich' ermöglicht, sich unabhängig zu machen und ermöglicht
gleichzeitig eine Identifizierung mit den Personen der Urszene, dem
elterlichen Koitus. Das erlaubt zugleich den Gedanken an eine lustvolle Begegnung mit dem - väterlichen - Penis. Reaktiviert und
symbolisiert wird diese Szene in der Vorstellung des Mädchens am
andersgeschlechtlichen Genitale, dem Penis.

2.1.4 Der Penisneid - zentrales Problem weiblicher Sexualität

"Aus ungleichen Gründen zeigen Mädchen wie Knaben gleichermaßen
die Neigung, die Sexualität lediglich vom Penis aus anzusehen, daher muß der Analytiker nach dieser Richtung hin skeptisch sein".

"Noch viel evidenter ist dies bei den Frauen der Fall, bei denen
die ganze Penisidee stets nur eine partielle und sekundäre ist".
(JONES, 1928, S. 24 u. S. 13 (z. Zit.))

Rufen wir uns ins Gedächtnis, daß innerhalb der FREUDschen Aussagen der Anblick des männlichen Genitales und die Feststellung
der eigenen Penislosigkeit unmittelbar den Penisneid des kleinen
Mädchens hervorruft: "Es bemerkt den auffällig sichtbaren, groß
angelegten Penis eines Bruders oder Gespielen, erkennt ihn sofort
als überlegenes Gegenstück seines eigenen kleinen und versteckten
Organs und ist von da an dem Penisneid verfallen". (Ges.Werke XIV,
S. 23) Der Penisneid wird von da ab Promoter der Entwicklung, ja
ist überhaupt der Generalfaktor, der die Entwicklung zur Weiblichkeit zustande bringt. Auf ihn werden sämtliche weitergehenden Ent-
wicklungsschritte zurückführbar. Die Penislosigkeit, die eine narzißtische Wunde bedeutet, verstärkt den autoerotischen Besitzwunsch
nach dem Penis, der überhaupt den Wechsel des Liebesobjekts und
den Haß auf die Mutter initiiert; der das Eintreten in den positiven
Ödipuskomplex und die schwere Auflösbarkeit desselben zu verant-
worten hat und ebenso den Männlichkeitskomplex als auch das lang-
same Hineingleiten in die weibliche Funktion nach sich ziehen kann.
Bei der zuletzt genannten Folge wird der Penismangel durch den
Kindwunsch kompensiert. Auffällig an dieser Konzeption ist das
Zwanghafte der Entwicklung: in jedem Falle ist die Weiblichkeit etwas, das das Mädchen nicht gewählt haben würde; es ist immer ein
gewissermaßen Zweitbestes, ein Kompromiß.

Entscheidend ist, daß FREUD den Penisneid und die darauf folgende
Entwicklung für primär und unumgänglich hält, für ein der weiblichen Entwicklung inhärentes Konstituens. Diese Auffassung wurde
vor allem auch von weiblichen Analytikern der 20er und 30er Jahre
einer engagierten Diskussion ausgesetzt. (HORNEY, 1923, 1926,
1927, 1932, 1933; KLEIN, 1928, 1932; MÜLLER, 1931 und MÜLLER-
BRAUNSCHWEIG, 1926, 1936; PAYNE, 1936 u.a.)

Den phallozentrischen Charakter der FREUDschen Aussagen hat vor
allem HORNEY (1926) deutlich gemacht: "Unser jetziges analytisches
Bild der weiblichen Entwicklung - ob richtig oder falsch - gleicht
auf alle Fälle auf ein Haar den Vorstellungen, die sich der Knabe
aus einer typischen Situation heraus vom Mädchen macht. (...):

Vorstellungen des Knaben	Unsere Vorstellung der weiblichen Entwicklung
Naive Annahme, daß auch das Mädchen einen Penis besitze.	Für beide Geschlechter spielt nur das männliche Genitale eine Rolle.
Beobachtung des Penismangels.	Traurige Entdeckung der Penislosigkeit.
Vorstellung, das Mädchen sei ein kastrierter verstümmelter Knabe.	Glaube des Mädchens, sie habe einen Penis besessen und sei kastriert.
Glaubt, daß das Mädchen von einer Strafe betroffen sei, die auch ihm drohe.	Kastration wird als vollzogene Strafe aufgefaßt.
Kann sich nicht vorstellen, wie das Mädchen jemals über diesen Verlust resp. Neid wegkommen könnte.	Kommt nie über das Gefühl des Mangels und der Minderwertigkeit hinweg und muß ihre Männlichkeitswünsche immer aufs neue überwinden.
Fürchtet ihren Neid.	Möchte sich dauernd am Mann für seinen Mehrbesitz rächen.

(...) Ferner sehen wir, daß der Mann offenbar eine größere Nötigung dazu empfindet, die Frau zu entwerten als umgekehrt. Daß
das Dogma der Minderwertigkeit der Frau von einer unbewußten
männlichen Tendenz geschaffen war, konnte uns als Erkenntnis erst
aufdämmern, nachdem man angefangen hatte, an der realen Berech-

tigung dieser Anschauung zu zweifeln". (HORNEY, 1926, S. 363 u.
S. 366)

Die Frage nach der Herkunft dieser unbewußten männlichen Tendenzen kann hier nicht weiter diskutiert werden. Es soll aber festgehalten werden, daß die Konzeption der Weiblichkeit diese Tendenz
oft nur reproduziert, wo sie die weibliche Entwicklung erklären
und darzustellen meint: die Darstellung erweist sich als abhängig
von der Auffassung der männlichen Sexualität, welche ihrerseits von
realen Verhältnissen zwischen den Geschlechtern beeinflußt ist; von
dem wechselseitigen Bedingungsgefüge in der Auffassung der Ge-
schlechterentwicklung wird aber zu oft abstrahiert.

Nun tauchen aber bei der Frau Entwicklungen auf, die auf einen Penisneid schließen lassen, so daß man sich zunächst fragen muß, was
denn die Frau dazu bringe, sich während ihrer psychosexuellen Entwicklung den 'Projektionen' des Knaben (s.o.) anzupassen. Der Penisneid besitzt also zumindest deskriptiven Wert. HORNEY will ihn
allerdings nicht als irreduzibles ursprüngliches Männlichkeitsstre-
ben verstanden wissen. Sie betrachtet ihn als eine sekundäre Bildung, worin alles Platz finden kann, was in der weiblichen Entwicklung mißglückt, quasi als eine Rationalisierung. Wäre das Männlich-
keitsstreben primär, so wäre es verwunderlich, daß es überhaupt
'normale', 'weibliche' Frauen gibt. Die Existenz eines Penisneides sekundärer Art, ja auch die Berechtigung einer Rationalisierung
ist durchaus einleuchtend, berücksichtigt man, daß die reale Sozia-
lisationserfahrung der Bevorzugung des Knaben sich für das Mädchen auf allen Ebenen einen psychischen Ausdruck verschaffen muß.
Dennoch bleibt die Frage bestehen, ob der Penisneid erledigt werden kann mit dem Hinweis, er bedeute lediglich den Neid auf die
sozial vermittelte Vormachtstellung des Mannes. Daß das Mädchen
seine sexuellen, triebvermittelten Wünsche in irgendeiner Weise auf
den Penis bezieht oder beziehen muß, sich seiner als Ausdrucksmittel der eigenen Sexualität gewissermaßen bedient, räumt dem

Penisneid eine zentrale Stellung ein.

JONES und HORNEY geben sich beide gleichwohl nicht zufrieden
mit einer irreduziblen Gültigkeit des Penisneides; dieser muß einen
tieferen Sinn haben als den eines Männlichkeitsstrebens. Erinnern
wir uns an das obige Zitat "sie hat es gesehen, weiß daß sie es
nicht hat und will es haben"; das formuliert zunächst einen Wunsch,
aber das ist nicht dasselbe wie Neid. Ein Neid ist in der Tat nie
erfüllbar, ein Wunsch schon. JONES (1933) streitet ab, daß es sich
um einen autoerotischen Besitzneid handelt. Er sieht den Penisneid
eher in seiner Funktion als Verkleidung des ursprünglichen Wunsches,
den Penis haben zu wollen, um ihn in sich aufzunehmen. JONES
weicht hierin ganz entscheidend von FREUD ab: libidinöses, primä-
res Objekt des Mädchens ist der Vater, die Mutter spielt die Rolle
der Rivalin.(vgl. JONES, 1933, S. 346 und FREUD, Ges. Werke
XIV, S. 531) Den Wunsch nach dem Penis in einen Neid zu verwan-
deln, bedeutet nichts anderes als den Versuch, der Rivalität mit
der Mutter, die ja den väterlichen Penis bekommen hat, aus dem
Wege zu gehen. Darüberhinaus besitzt der Penis einen explizit narzißtischen Wert: er dient zugleich als Werkzeug der phallischen Aktivität gegenüber der Mutter mit der Bedeutung, ihre Omnipotenz
(s. MACKBRUNSWICK, 1940) zu brechen, sie mit dem phantasierten
Phallus zu besiegen, um ihr den väterlichen Penis zu rauben. Der
Penisneid wäre auf diese Weise aufschlüsselbar in seine Funktionen,
die Gefahren der Ödipussituation zu meistern. Er hat also genau denselben Sinn, den Ödipuskomplex zu zerstören, den der Kastrationskomplex für den Knaben besitzt.

HORNEY kritisiert FREUD insofern dieser behauptet, Penisneid und
Kastrationskomplex würden das Mädchen in die Ödipussituation wie
in einen "sicheren Hafen" hineinführen, was der Weiblichkeit ihr
spezifisches Merkmal verleihe. Für HORNEY bedeutet der Penisneid eher Gegenteiliges, nämlich die Flucht vor der Weiblichkeit

unter dem Druck, die inzestuöse Objektliebe aufzugeben. Motor dafür ist die "realistische" Angst vor Beschädigung sowie die Schuldgefühle auf Grund der Onanie in ihrer Bedeutung als Erregungsabfuhr inzestuösen Verlangens. Der Penisneid hat die Funktion, die eigene Schuldlosigkeit zu beweisen: "Wie die Kastrationsangst des Knaben, steht auch die weibliche Genitalangst durchaus unter dem Druck der Schuldgefühle ... Der Knabe kann (...) sein Genitale daraufhin beobachten, ob die gefürchteten Folgen der Onanie eintreten; das Mädchen tappt hier buchstäblich im Dunkeln ... Unter dem Druck dieser Angst flüchtet nun das Mädchen in eine fiktive männliche Rolle ... Ich muß hier auf eine Erfahrung hinweisen, die wohl alle gemacht haben dürften: daß nämlich die Männlichkeitswünsche in der Regel relativ bereitwillig zugegeben werden, aber daß sie - einmal akzeptiert - hartnäckig festgehalten werden und zwar aus dem Grund, um nicht die libidinösen Wünsche und Phantasien auf den Vater einsehen zu müssen. Sie stehen im Dienste der Verdrängung dieser weiblichen Wünsche resp. des Widerstandes gegen ihre Aufdeckung ... Durch die Fiktion der Männlichkeit würde also die jetzt schuld- und angstbeladene weibliche Rolle vermieden". (HORNEY, 1926, S. 370-371)

Wenn aber der Penismangel selbst Resultat und nicht Initiator von Verdrängung ist, dann ist die Möglichkeit gegeben, ihn als Symptom aufzulösen und nicht als Schicksal akzeptieren zu müssen; die Auflösung des Penisneides hieße damit die Auflösung der Schuldangst der libidinösen Wünsche gegenüber dem Vater und der Angst in Bezug auf das eigene Genitale.

2.1.5 Der Wechsel der erogenen Zone - die Diskussion um Klitoris und Vagina

"So wurde die Lustfähigkeit der Frau, kaum entdeckt, sofort gegen

sie selbst gewandt. Wenn sie früher gar nicht gewußt hat, daß
sie lustfähig sei, und deshalb frigide und hysterisch war, so ist
sie jetzt frigide und hysterisch, weil sie Angst hat, nicht genug
Lust zu haben und vor allem zeigen zu können und dadurch den
Mann zu beleidigen". (SCHRADER-KLEBERT, 1969)

Fassen wir kurz zusammen, was sich bisher ergeben hat. FREUDs
Version war die: Weiblichkeit ist eine Entwicklung aus früher Männlichkeit, das männliche Mädchen wird aus Enttäuschung über seine
minderwertige Klitoris zur Frau. Die Position von JONES und HOR-
NEY u.a. besagt, das Mädchen sei ursprünglich weiblich und werde
auf Grund des Mißlingens seiner weiblichen Haltung in die Männlichkeit verdrängt. Für beide Positionen hängt diese Entwicklung eng
zusammen mit der libidinösen Besetzung des weiblichen Genitales;
hier werden allerdings unterschiedliche Voraussetzungen gemacht.
Beide berufen sich zwar in ihren Annahmen auf die anatomische Beschaffenheit des Genitalorgans. FREUDs Position ist klar und eindeutig: der anatomische Unterschied ist Dreh- und Angelpunkt der
Entwicklung der psychischen Repräsentanzen; der Knabe hat ein einfaches vollgültiges Genitale und bildet daraufhin eindeutige libidinöse Repräsentanzen aus. Das Genitale des Mädchens existiert zweifach, es ist in Klitoris und Vagina aufgeteilt; das Mädchen hat
biologisch mehr und dadurch weniger, denn nichts hat sie richtig.
Sie ist nicht im "Vollbesitz ihres Gliedes", denn die Vagina existiert zwar biologisch aber psychisch existiert sie nicht, folgt man
FREUD. Die Klitoris ist nichts anderes als ein minderwertiger Penis. Man muß hier FREUD entgegen halten, daß er inkonsequent geblieben ist: warum die Vagina nicht psychisch existiert wird mit
dem dürftigen Hinweis auf ihre anatomische Lage erledigt. Die Anatomie des weiblichen Genitale war übrigens damals schon nicht
ganz unbestritten (vgl. HANN-KENDE, 1933). Die Unentdecktheit
der Vagina aus anatomischen Gegebenheiten anstatt aus innerpsychischen Notwendigkeiten zu erklären, steht nicht in Einklang mit

dem psychoanalytischen Anspruch, eben diese aufzudecken. Kurz, die Vagina existiert FREUD zufolge nicht. Dafür übernimmt die Klitoris die gesamte Libido, allerdings gilt sie als verkümmerter Penis und deshalb als minderwertig. Aus diesem Grund wird letztlich auch die Libido, deren Träger die Klitoris ist, wenn nicht gerade als minderwertig, so doch als weniger intensiv, passiv usw. deklariert. Es ist auffallend, daß gerade hier der sonst behauptete Zusammenhang zwischen und Objektbesetzung und Besetzung des eigenen Genitalorgans auseinandergerissen wird: beim Mädchen tritt das eigene Genitale in geradezu feindlichen Gegensatz zu seinen objektlibidinösen Wünschen; und nicht nur das, es tritt in Gegensatz zu sich selbst! Die aktive männliche Klitoris ist eben nicht aktiv und männlich genug, um ihre objektlibidinösen Wünsche zu realisieren, und sie verhindert darüber hinaus auch die Realisierung oder das in Gang kommen passiver Wünsche, die in der Vagina repräsentiert sein sollen.

Ein Bild normaler, sexuell genußfähiger Weiblichkeit scheint bei FREUD zwar vorhanden, aber wie er es auch dreht und wendet, dies Bild bleibt unerreichbar: bedeutet doch Genußfähigkeit die Intaktheit und volle Betätigung des eigenen Organs. Aber gerade dies ist unmöglich. Volle Weiblichkeit heißt Verzicht aufs Genitale, aufgeben der Klitorissexualität. Sexualgenuß und Weiblichkeit scheinen sich auszuschließen. Nur unter schwierigen, von vorneherein zur Neurose disponierenden Bedingungen ist sexuelle Genußfähigkeit zu erreichen: es muß ein Wechsel der erogenen Zonen stattfinden sowie eine Umwandlung aktiver Klitorissexualität in passiv-vaginale. Nun ist aber die Vagina laut FREUD eine Spätentdeckung. Sie ist in der infantilen Situation keineswegs verankert, ist nie in Zusammenhang mit der Masturbation und den damit verbundenen inzestuösen Objektbesetzungen geraten. FREUD bestreitet das Vorhandensein frühkindlicher vaginaler Masturbation oder steht diesbezüglichen Aussagen sehr skeptisch gegenüber. Gleichwohl soll die Wendung zum Vater schon in der infantilen Situation stattfinden, mit Hilfe passiver Strebungen - und wo sollen diese anders repräsentiert sein, denn an der Vagina? Anders gesagt: FREUD postuliert ja gerade die Macht des infantilen Moments - wie soll aber die Vagina jene, die infantile Situation beherrschende Klitorisbesetzung übernehmen können; und wenn dies möglich ist, ist die Vagina dann nicht immer schon mit dem Odium der Minderwertigkeit und Unzulänglichkeit behaftet, die der Klitorisrepräsentanz zu eigen sein soll? Das Konzept der infantilen Sexualität als notwendige Vorform genitaler Fähigkeit scheint gesprengt, wenn volle Weiblichkeit gleichbedeutend mit vaginaler Sexualität sein soll, die Vagina aber nicht der infantilen Situation angehört. Oder aber die Macht des infantilen Moments trifft auf die - normale - Weiblichkeit nicht zu; dem widersprächen aber die Aussagen FREUDs, daß das Weib dazu disponiert sei, die infantile Genitalorganisation beizubehalten. (Ges. Werke V, S. 92) Das legt den Schluß nahe, die Betrachtungen darüber, was normale Weiblichkeit sei, einer Revision zu unterziehen. Entweder muß man die Klitorissexualität als vollweibliche Sexualität akzeptieren, oder man muß die Betrachtungen über die frühe Nichtexistenz der Vagina revidieren.

Von einigen Autoren wird nun die frühkindliche Nichtexistenz der Vagina heftig bestritten. Es wird sehr viel klinisches Material sowie Beobachtungen an Kindern angeführt, die die Existenz vaginaler Masturbation und damit die Existenz der Vagina im Unbewußten zu beweisen scheinen. Als psychischen Grund dieser Nichtexistenz gibt HORNEY (1933) die Angstbesetztheit dieses Organs an, die bewältigt wird durch dessen einfache Leugnung. Diese Angst ist zweifach determiniert: einmal durch die Inzestwünsche gegenüber dem Vater, die zugleich eine reale Bedrohung eines allzugroßen Penis, der Schmerzen verursacht, bedeuten soll. Zum andern durch die Annahme, die Mutter könnte jene femininen Wünsche durchkreuzen und es sei notwendig, das Genitale vor ihr zu verbergen.(JONES, 1933, S. 352) HORNEY schließt aus umfangreichem klinischem Material auf ein "unbewußtes Wissen" über die Vagina, die sie auf Organimpulse zurückgeführt wissen will und die beweisen sollen, "daß die Vagina von Anfang an die ihr eigene Geschlechtsrolle spielt. (...) Ich habe in schätzungsweise zwei Drittel meiner Fälle folgenden Tatbestand gefunden:

1. Ausgesprochen vaginalen Orgasmus bei manueller vaginaler Onanie, vor jeglichem Verkehr - Frigidität in Form von Vaginismus und mangelnder Sekretion beim Verkehr ...

2. Vaginale Sensationen, meist mit deutlicher Sekretion, bei unbewußt erregenden Situationen, wie bei Anhören von Musik, Autofahren, Gekämmtwerden, gewissen Übertragungssituationen - keine manuelle vaginale Onanie, beim Verkehr Frigidität.

3. Spontane vaginale Sensationen bei extra-genitaler Onanie, etwa durch bestimmte Körperbewegungen ... - keinerlei Verkehr, weil vor jeder Berührung der Vagina (...) unüberwindliche Angst besteht. ... meinen Gesamteindruck möchte ich also vorläufig dahingehend formulieren, daß die manuelle genitale Onanie häufiger klitoraler Natur ist, daß aber spontane genitale Sensationen bei allgemeinen sexuellen Erregungen häufiger in der Vagina lokalisiert sind". (HORNEY, 1933, S. 378) Diese Beobachtungen interpretiert sie als Zeichen dafür, daß das unbewußte Wissen um die Vagina schon in früher Kindheit verdrängt wird und in Form von Symptomen wieder auftaucht. Zum Beweis, daß vaginale Repräsentanzen im Unbewußten existieren, etwa in Träumen, führt sie an: "daß in einer Stikkerei, an der man arbeitet, plötzlich ein Loch entstanden ist, dessen man sich schämen muß; oder daß man über eine Brücke geht, die unerwartet in der Mitte über einem Strom oder Abgrund abbricht; oder daß man über einen schlüpfrigen Abhang geht, plötzlich ins Gleiten und damit in die Gefahr gerät, in einen Abgrund zu rutschen"; (HORNEY,1933, S. 380) sie interpretiert diese

Träume als psychische Verarbeitung der Entdeckung der Vagina durch Masturbation, die die Angst erzeugt, "sich dort ein Loch gemacht zu haben, das legitimerweise nicht da zu sein habe". (a.a.O., S. 380)

Die Vagina wird hier zum Organ, das die objektlibidinösen Besetzungen trägt, d.h. mit ursprünglichen Inzestphantasien verknüpft ist. Will man vom pathologischen Fall auf den normalen schließen, so ist zu fragen, warum die Vagina notwendig verdrängt werden muß; warum eine ähnliche narzißtische Besetzung wie beim Knaben nicht möglich ist, ob also die Verdrängungsneigung innerpsychisch notwendig ist.

Zunächst erscheint die Zweiteilung des weiblichen Genitalorgans auffallend und man stellt fest, daß sowohl FREUDs als auch JONES und HORNEYs Position diese Zweiteilung des weiblichen Genitales von vorneherein als anatomische Voraussetzung akzeptieren. Betont FREUD die Klitoris als Träger der gesamten Sexualfunktion, als eigentliches, aber minderwertiges Geschlecht, so wird die Position HORNEYs u.a. zu einer Verteidigung der Vagina als einzig vollgültige Repräsentanz der Sexualfunktion. Beide Positionen führen gute Gründe für die Gültigkeit ihrer Auffassung ins Feld: Phantasien, Träume und Symptome, die im klinischen Material, in realen Frauenschicksalen auftauchen. Diese Zweiteilung, insofern sie in psychischen Bildungen auftaucht, muß erklärt werden: wodurch ist die Frau gezwungen, ihr Genitale im psychischen Erleben aufzuspalten?

Zunächst ist an den oben genannten Auffassungen zu kritisieren, daß die psychosexuelle Entwicklung nahezu reduziert wird auf die Frage nach dem Genitalorgan. Das Genitale ist jedoch nicht identisch mit der Funktion lustvoller Sexualbetätigung, es steht nur dafür ein. Die beiden angeführten Positionen machen aber die Dynamik der weiblichen Sexualentwicklung an der Genitalanatomie nicht zuletzt fest, was die Gefahr einer Artefakt-Konstruktion beinhaltet. FREUD u.a. konstruieren oder rekonstruieren die weibliche Entwicklung als Parallele zur männlichen, festgemacht an der Auffassung der Klitoris als eines Penisrudiments. Diese Parallelentwicklung scheitert am Organ, das minderwertig ist und konsequenzlogisch eine Minderwertigkeit der gesamten Sexualfunktion zur Folge hat. HORNEY, JONES u.a. versuchen zwar, eine genuin weibliche Entwicklung mit der Vagina als dem libidinös besetzten Organ par'excellence abzuleiten, dessen Qualität sich aber als angstbesetzt-archaisch oder passiv-aufnehmend erweist. Für die erste Position wird die Klitorisfixierung zum Problem, für die zweite die Vaginalangst. Beide Male wird die weibliche Sexualität aufgrund der postulierten Genitalanatomie mystifiziert. Als Zeichen der psychosexuellen Reife gilt allein der Vaginalorgasmus.

Existiert nun ein Unterschied zwischen Klitoral- und Vaginalorgasmus bzw. existiert die Zweiteilung des weiblichen Genitale? Aus physiologisch-anatomischer Sicht kann dies mit einem absoluten Nein beantwortet werden. Klitoris und Vagina bilden eine untrennbare Funktionseinheit. Ich habe in Kapitel 1.3 (S.33) schon darauf hingewiesen, es sei erlaubt, einiges hinzuzufügen.

Die Klitoris ist laut MASTERS & JOHNSON einzigartig in der menschlichen Anatomie, sie ist keineswegs ein rudimentärer Penis, sondern ein eigenständiges Organ, Rezeptor und Transformator sexueller Reizung und damit subjektives Zentrum der sexuellen Empfindung. Sie löst bei Stimulierung sofort eine vaginale Reaktion aus. Vagina und Klitoris bilden eine funktionelle Einheit: jede Klitorisstimulierung hat die vaginale Reaktion zu Folge (Lubrikation, Ausdehnung, Verlängerung, Bildung der orgastischen Manschette) und jede intravaginale Penetration löst eine indirekte Klitorisstimulierung aus; "So spiegeln sich in der physiologischen Reaktion der Vagina zur unwillkürlichen Vorbereitung des Koitus die psychosexuellen Spannungen der Frau wieder". (1967, S. 88)

Die eigentliche orgastische Befriedigung hat bei beiden Geschlechtern das gleiche physiologisch funktionelle Substrat, eine "explosive vasokongestive Reaktion", die sich nicht auf die Sexualorgane beschränkt, sondern den ganzen Körper mit einbezieht. (1967, S. 123)

Das weibliche Genitale ist also ein Einziges, das volle Befriedigung gewährleistet. Es kann keine Rede davon sein, daß die Klitorissexualität unweiblich ist und aufgegeben werden muß; oder daß die Vagina ein passiv-aufnehmendes Organ ist. (MASTERS & JOHNSOHN, 1967 weisen auf die aktive Rolle der Vagina als sexuelles Ausdrucksmittel und bei der Konzeption hin.) Trotz dieser höchst sinnreichen Funktionsweise des weiblichen Genitales, trotz der vollen Befähigung zur sexuellen Reaktion sind die weiblichen Sexualprobleme manifest und bedürfen der Erklärung ihrer psychogenen Bedingtheit. Das Vorhandensein der Befähigung zum sexuellen Erleben gibt keine Erklärung für die Konfliktualisierungen, die bei Frauen nahezu durchgehend vorhanden sind.

MASTERS & JOHNSON (1967) machen kulturelle Einflüsse dafür verantwortlich: "In unserem Kulturkreis hat der Orgasmus der Frau niemals den unbestrittenen Status der Ejakulation erreicht ... Bis heute hat im westlichen Kulturkreis noch keine Sexualrolle der Frau, die ihr eine freie Teilhabe an der Sexualität gewährt, volle Anerkennung gefunden: und das bei einem allgemeinen und nebulösen Status der doppelten Standards. Der unglaubliche Übergang von der frühen viktorianischen Restriktion zum heutigen Auf-den-Orgasmus-Gerichtetsein hat für die Frau in nur wenigen Jahrzehnten stattgefunden, und der Schock, den dieser Umschwung in unserer Gesellschaft ausgelöst hat, prägte sich nachhaltig ein". (1967, S. 281) Die Bedingungen für die Problematik weiblicher Sexualentwicklung liegen nicht nur in kulturellen Normen und deren Veränderung, sondern vor allen Dingen in der durch kulturelle Nor-

men beeinflußten Beziehungsgeschichte und deren Verlauf beim
Kinde. In einer differenzierten Analyse kann die ödipale Konstellation als Schaltstelle kultureller Normen bestimmt werden, die dem
weiblichen Kind seine spezifische Weiblichkeit aufprägt. Da hier
keine gesellschaftstheoretische Untersuchung über das Warum der
sexuellen Unfreiheit der Frau geleistet werden soll, sondern die Spe-
zifik dieser Unfreiheit erst präzise herauszuarbeiten ist, zielen
die nächsten Überlegungen auf das Wie der kulturellen Normierung
der Frau anhand von Typologisierungsversuchen der weiblichen Er-
ziehungsgeschichte, die ich als Beziehungsgeschichte im psychoanalytischen Sinn auffasse. Es wird also gefragt, wo in der Entwicklung des kleinen Mädchens Konflikte im Zusammenhang mit seinen
Liebesobjekten auftauchen, die seine sexuelle Identität in eine bestimmte - die typisch weibliche - Richtung drängen.

2.2 Die Konsequenzen der Ödipussituation

2.2.1 Der Objektwechsel und das Aufgeben der phallischen Strebung

Der Wechsel des Liebesobjekts erscheint als der bedeutendste
Schritt in der Entwicklung zur Weiblichkeit, an dem auch die von
FREUD postulierte Parallelität von männlicher und weiblicher Entwicklung endet. Hat er angenommen, das Mädchen habe männlich-
sexuelle Wünsche gegenüber der Mutter, so fragt er sich nun, wie
denn der psychische Prozeß aussehe, der das Mädchen "... aus ihrer männlichen in die biologisch bestimmte weibliche Phase" führt
(Ges. Werke XV, S. 127). Kurzerhand behauptet er "es sind dann
biologische Faktoren ...". (Ges. Werke XIV, S. 533) Das Mädchen, das unter dem Eindruck des Kastriertseins steht, verwandelt

den dadurch hervorgerufenen Penisneid in den Wunsch nach einem Kind vom Vater und installiert mithin eine libidinöse Beziehung zum Vater. Das bedeutet eine ungeheure Wendung: das Mädchen, das bis dahin seinen libidinösen Wünschen gegenüber der Mutter in Form von Masturbation Abfuhr verschaffte, muß dieses Liebesobjekt aufgeben, was sich unter allen Zeichen des Hasses abspielt. Die Bewertung des eigenen Genitales als kastriert führt es dazu, die Mutter neben anderen Versagungen für die Penislosigkeit verantwortlich zu machen und einen mächtigen Haß gegen sie zu entwickeln, der noch angereichert wird durch das Gefühl der Geringschätzung, wenn sie bemerkt, daß auch die Mutter kastriert ist. FREUD sieht in dieser Feststellung Grund genug für das Mädchen, seine Onanie aufzugeben. Anstelle der aktiven Eigenbewegung, so kann man seine Behauptung auffassen, vollzieht das Mädchen eine Abstraktion hin zu passiven Wünschen, die sich an den Vater richten. Die Beziehung zum Vater über den Kindwunsch ist allerdings sehr labil, da die Gleichung Penis=Kind reversibel ist: "In der Zusammenstellung 'Ein Kind vom Vater' ruht der Akzent häufig genug auf dem Kind und läßt den Vater unbetont". (FREUD, Ges. Werke XV, S. 137) Deshalb bleibt die Frau der Ödipussituation verhaftet. Diese wird praktisch nicht zerstört, da hier den biologischen Bestimmungen des 'Frauseins' entsprochen wird und gerinnt so zum Kennzeichen normaler Weiblichkeit. Der biologischen Bestimmung widerspricht allerdings die libidinöse Verfassung: "Immerhin, die Zusammenstellung 'weibliche Libido' läßt jede Rechtfertigung vermissen. Es ist dann unser Eindruck, daß der Libido mehr Zwang angetan wurde, wenn sie in den Dienst der weiblichen Funktion gepreßt ist ...". (Ges. Werke XV, S. 141)

Es ist zwar FREUDs Verdienst, die weibliche Entwicklung nicht aus der biologischen Zweckbestimmung des Gebärens direkt und allein abzuleiten, aber er ist dafür gezwungen, Funktion und Konstitution der weiblichen Sexualität auseinanderfallen zu lassen. Er

verweist aber auch hier auf die Vorläufigkeit seiner Thesen. Was
FREUD hier normale Weiblichkeit nennt, entspringt m.E. eher den
für Frauen charakteristischen Situationen: nicht der Libido wurde
Zwang angetan, sondern der Frau selbst in ihren libidinösen Äus-
serungen und Wünschen. Berücksichtigt man zudem, daß die Mädchen damals und in bestimmter Hinsicht heute noch sehr lange in
familiärer Abhängigkeit gehalten werden, so bekommt die Aussage,
das Mädchen laufe in die Ödipussituation ein wie in einen 'sicheren
Hafen', der Ödipuskomplex werde nie richtig aufgelöst, eher den
Charakter einer realen Situationsbeschreibung als den der Aufdek-
kung innerpsychischer Prozesse.

JONES (1928, 1932) stellt den Prozeß des Objektwechsels anders
dar. Er verlegt 1) die Vaterbeziehung chronologisch und qualitativ
in ein früheres Stadium, 2) nimmt er als Basis zwar die bisexuelle
Anlage, doch bezeichnet er die Libidoqualität dieser frühen Phase
als alloerotisch und feminin. Die Vaterbeziehung ist ihm zufolge
nicht erst eine späte Erwerbung der nachphallischen Zeit und deshalb labil, sondern spielt schon unmittelbar in der Phase des 'un-
ersättlichen' Saugens an der Mutterbrust eine Rolle. Diese 'Uner-
sättlichkeit' bringt Phantasien vom Penis als einer Art befriedigender Brust mit sich; der Penis wird als der Mutter einverleibt phan-
tasiert. Das kleine Mädchen entwickelt nun das Bild des befriedigenden Saugvorgangs weiter zur Vorstellung, den Penis in sich aufzunehmen: diese lustbetonte Vorstellung führt zur Bildung einer
Mund-Vagina-Repräsentanz. Daß auf dieser Stufe schon eine wunsch-
vermittelte Vaterbeziehung bestehen kann, begründet JONES mit
dem Hinweis auf die Existenz einer 'Vereinigte-Eltern'-Vorstellung
beim Kinde. In diesem Kontext weist er auch auf die FREUDsche
Beobachtung hin, daß die Koitusphantasien des kleinen Mädchen oft
Fellatio-Vorstellungen beinhalten. In diesem Zusammenhang stellt
er die These auf, daß die kindliche Sexualäußerung nicht ziellos,
sondern ziel- und objektgerichtet sind und das Mädchen seine se-

xuellen Wünsche direkt auf den Vaterpenis richtet.

Aus der Gleichung Brust-Penis leitet sich auch die Liebe zur Mutter ab. Das kleine Mädchen will JONES zufolge von der Mutter nicht nur die Brust, sondern auch den Penis des Vaters, von dem es glaubt, die Mutter habe ihn. Die Liebe zur Mutter verwandelt sich dann in Rivalität, wenn sich das Mädchen aufgrund der mütterlichen Versagungen mit seinem Peniswunsch an den Vater wendet. Der Wunsch wird sogleich von der Angst eingeholt, von der Mutter bestraft zu werden für die sadistischen Impulse, ihr den väterlichen Penis zu rauben. Mit dieser Interpretation faßt JONES die weibliche Entwicklung als exaktes Komplement zur männlichen Entwicklung auf: für ihn ist der Ödipuskomplex des Mädchens keine sekundäre Bildung, sondern frühes Stadium. Der Kernkonflikt liegt darin, daß die frühen alloerotischen Wünsche des Mädchens nicht von Anfang an auf das adäquate Objekt (Vater) treffen bzw. daß die Person, die die existentiellen ursprünglichen Bedürfnisse befriedigt zugleich diejenige ist, mit der es rivalisiert.

Sowohl JONES als auch FREUD versuchen den Objektwechsel vor allen Dingen aus der Beziehung zu den elterlichen Liebesobjekten zu erklären. Demgegenüber betrachten BONAPARTE (1934) und DEUTSCH (1930) den Objektwechsel als einen Vorgang, der sich, dispositionell vorgezeichnet, mit Hilfe "passiv-masochistischer Urtriebe" vollzieht. Daraus leitet sich für sie auch der spezifische weibliche Masochismus ab (siehe dazu weiter unten).

Diese spezifische Wendung zur Weiblichkeit dürfte sich aber weniger aufgrund konstitutioneller Faktoren vollziehen. Es handelt sich m.E. nicht um eine rein libidinöse Entwicklung, sondern eher um eine psychische Reaktionsbildung auf die ödipale Dreieckkonstellation, die das Mädchen unter spezifische Zwänge stellt.

2.2.2 Weiblichkeit als Verdrängung

Betrachten wir die Darstellung der Entwicklung zur Weiblichkeit, so stellen wir fest, daß es sich in toto um einen Verdrängungsvorgang handelt. Konstitutiv für die Weiblichkeit ist vor allem die Verdrängungsleistung bezüglich der männlichen Libidostrebungen. Folgt man der von FREUD gebrauchten Charakterisierung der Libido als 'männlich', so scheint die Entwicklung zum Weibe konsequenzlogisch das Aufgeben libidinöser Strebungen zu bedeuten.

"Sie erkennen, daß ein solcher Entwicklungsschub, der die phallische Aktivität aus dem Weg räumt, der Weiblichkeit den Boden ebnet. Wenn dabei nicht zuviel durch Verdrängung verloren geht, kann diese Weiblichkeit normal ausfallen". (Ges. Werke XV, S. 137; Hervorhebung von mir) Dieses zuviel ist es, was stutzig macht. Es soll also doch viel, wenn auch nicht zuviel verdrängt werden. Weiblichkeit und Triebleben scheinen sich nicht zu vertragen und doch soll dieselbe alle Merkmale einer sexuellen Identität tragen.

In DEUTSCHs Konzeption, die sich an FREUD anlehnt, wird das, was zunächst vollgültiges Erscheinungsbild libidinöser Entwicklung war, ungültig: "... an der Mauer der inneren Erkenntnis der Organlosigkeit prallt die bis dahin aktiv-sadistische Klitorislibido zurück". (DEUTSCH, 1930, S. 176) Was vorher normal war, wird nun als pathologisch betrachtet. Aktive onanistische Betätigungen, "die sich gewöhnlich nur als Frigidität äußern können" (1930, S.172) müssen zugunsten positiver, d.h. passiver Weiblichkeit verdrängt werden. Daß diese Auffassung den Sachverhalt nicht zutreffend interpretiert, geht schon allein daraus hervor, daß es sich keineswegs um die "Erkenntnis der Organlosigkeit" handeln kann, sondern höchstens um eine 'Organverdrängung'.

DEUTSCH bringt, im Unterschied zu FREUD, ganz manifeste Wert- und Zielvorstellungen dessen, was Weiblichkeit zu sein habe in

ihrer Konzeption zum Ausdruck. Da die 'Weiblichkeit' das heterosexuelle Objekt auf keinen Fall verfehlen soll, muß das Mädchen
mit dem Aufgeben der Mutter als Liebesobjekt auch die damit verbundene Masturbation aufgeben. Intensive Onanie, so DEUTSCH, sei
ein Hauptfaktor weiblicher Frigidität. Im Gegensatz dazu weist ABRA-
HAM (1921) auf die Tatsache hin, daß befriedigende Masturbation für
die Frau ermöglicht, eine gesunde narzißtische Wertschätzung beizubehalten.

Bei DEUTSCH hat man fast den Eindruck, daß die Frau, um zum
überschätzten Sexualobjekt des Mannes zu werden, an dem er seine
Aktivität voll entfalten kann, auf Sexualität verzichten muß, und daß
darin das genuin weibliche Erleben besteht. Die sexuelle Selbstwahr-
nehmung der Frau, die Fähigkeit zur Masturbation wird der Frau
in DEUTSCHs Konzeption aus der Hand genommen und in die des
Mannes gelegt: "Die Aufgabe, die Libido (...) der Vagina zuzufüh-
ren, fällt der Aktivität des Penis zu ... So übernimmt jetzt die
Vagina unter der Reizleitung des Penis die passive Rolle ... Die
Klitoris verzichtet auf ihre männliche Funktion zugunsten des Penis, der dem Körper von außen zugeführt wird". (DEUTSCH, 1925,
S. 43) Die Sexualität der Frau wird fixiert und kann nicht aus eigener Kraft in genitale Sexualität verwandelt werden: diese besteht
für die Frau darin, Sexualobjekt zu sein und nicht Sexualsubjekt.
Daß dies keine rein libidinöse Entwicklung ist, wie DEUTSCH behauptet, dürfte klar sein.

Wenn zugleich mit dem Liebesobjekt Mutter auch die phallische
Onanie dem Verdikt der Weiblichkeit zum Opfer fällt, dann steht
in Frage, welche Kraft überhaupt in der Lage ist, diese Verdrängung vorzunehmen. Nach FREUD ist es die enttäuschte Männlichkeit selbst, die sich umsetzt in den Wunsch nach dem Kind. Die
'normale Weiblichkeit' bedeutet hierbei immer auch ein Stück Regression: die phallische Aktivität regrediert auf den analen Bemäch-

tigungs- und Schautrieb und kann sich so einen - analen - Penis
aneignen. "In diesem Kindwunsch treffen nun eine analerotische
und eine genitale Regung (Penisneid) zusammen ... Die Bedeutung
des beschriebenen Vorgangs liegt darin, daß er ein Stück der narzißtischen Männlichkeit des jungen Weibes in Weiblichkeit überführt
und somit für die weibliche Sexualfunktion unschädlich macht".
(Ges. Werke X, S. 406-407) Innerhalb der Gebärfunktion äußert
sich aktive Weiblichkeit, aber sie soll auch darauf begrenzt bleiben:
Gute Mütter seien frigide, behauptet LAMPL-de-GROOT (1933) und
findet das normal und richtig. DEUTSCH zufolge hat die 'weibliche'
Frau keinen Orgasmus, da dieser eine rein männliche Sphinkter-
Aktivität ist, die anale Triebkomponente der Frau sich aber in ihrer
Gebärfunktion erschöpft. (DEUTSCH, 1961, in: ALBUS, 1972,
S. 183)

Der Verzicht auf aktive Sexualität wird ermöglicht durch den Kindwunsch, wo genitale und anale Regungen verknüpft sind und die aggressiven Regungen in der weiblichen Rezeptivität gebunden bleiben.
Im Gegensatz zu FREUD, der gerade die aggressiven Komponenten
für ein Mißglücken der weiblichen Sexualität verantwortlich macht,
sind es nach CHASSEGUET-SMIRGEL (1974) die Hemmung und Unterdrückung der aggressiv-analen und/oder phallischen Tendenzen,
die die Sexualbefriedigung verhindern. Zur Entwicklung vollgültiger
Weiblichkeit gehört ihr zufolge die aggressive Triebäußerung gegenüber dem Vater und seinem Penis. Der 'passive' Objektwechsel
führt lediglich zu einer Idealisierung des Liebesobjekts Vater. Diese Idealisierung kommt aber einer Triebentmischung gleich - das
Objekt erzwingt jede Unterbindung von Aggression resp. Bemäch-
tigungstendenzen. Die Triebmischung ist aber notwendig zur Sexualbefriedigung laut FREUD, der behauptet, "daß die Berührung, der
körperliche Kontakt, das nächste Ziel sowohl der aggressiven wie
der zärtlichen Objektbesetzungen ist. Der Eros strebt nach Vereinigung, Aufhebung der Raumgrenzen zwischen Ich und geliebtem

Objekt". (Ges. Werke XIV, S. 152)

FREUD und seine Anhänger befänden sich, therapeutisch betrachtet,
in einem Paradox. Sie müßten die Frau dazu anhalten, bestimmte
Komponenten der Sexualität gerade zu verdrängen entgegen dem
psychoanalytischen Prinzip von der Aufhebung der Verdrängung. Da
der Theorie zufolge die männlichen, aggressiven Tendenzen der
Weiblichkeit feindlich sind, müßten sie, die doch notwendig zu einer
gelungenen Sexualität gehören, therapeutisch ausgemerzt werden.
Die Analyse hätte nur wenig wünschenswertes zu bieten: Akzeptieren - Aufgeben - Verzichten.

2.2.3 Der Männlichkeitskomplex

"Es ist wirklich zu traurig, eine Frau zu sein. Frauen mögen
keine Frauen und die Männer können sie auch nicht besser ertra-
gen". (Aussage einer Patientin)

Aus dem obigen resultiert, daß, wenn es stimmt "daß das kleine
Mädchen ein kleiner Mann" sei, es durchaus als normal zu betrachten ist, daß die aktiv-männlichen Libidostrebungen sich äußern, und
daß sie weder in einer rein passiven Haltung aufgehen, noch sich
in Formen mütterlicher Aktivität erschöpfen. FREUD bezeichnet
die Beibehaltung männlich-aktiver Strebungen jedoch nicht als positiv sondern eher als pathologisch. Die Grenzen zur Normalität sind
hier besonders undeutlich. Das Erscheinungsbild ist wohlbekannt:
- Die immer streitsüchtige Ehefrau, deren Leben ein ewiger
Kampf mit dem Gatten ist, ein Kampf um Nichtigkeiten, hinter
dem sich der Kampf um den Penis verbergen soll.
- Der Typus der virilen, meist intellektuellen Frau, die ihr eigenes Geschlecht geringschätzt und sich nur in Gesellschaft von Männern wohlfühlt, aber im Geschlechtsverkehr kühl bleibt und darunter leidet.

- RIVIERE (1930) macht auf einen weiteren Typus aufmerksam:
sich mit allen gesellschaftlich akzeptierten Attributen der Weiblichkeit zu schmücken, um so die männlichen Aktivitäten und Wünsche geschickt zu verdecken aus Angst vor der Vergeltung des
Mannes.

- Eine weitere Form, in der sich der Männlichkeitskomplex äußert,
ist nach WITTELS (1934) nun gar die weibliche Schönheit, ein körperliches Konversionssymptom. Der ganze Körper wird zum Penis-
ersatz, erigiert zum gleißenden Phallus, um alle Libido auf sich
zu ziehen und den ursprünglichen Mangel und Defekt auszugleichen.

Anhand dieser Phänomenologie und ihrer kausalen Erklärung als
Resultat des Männlichkeitskomplexes wird deutlich, daß die Annahmen über die Weiblichkeit den konkret-sozialen Ursachen der weiblichen Entwicklung nicht gerecht werden. Die oben angeführten
psychischen Reaktionsbildungen ergeben sich keineswegs aus der
Libidostruktur des Weibes, sondern resultieren aus den Anforderungen der elterlichen Liebesobjekte, die das Mädchen dahingehend
erziehen, widersprüchlichen Anforderungen an sich, als Sexualobjekt,
die im späteren Leben relevant werden, zu genügen.

Das Wesen der Weiblichkeit sei, so wird behauptet, nicht zu lieben
sondern sich lieben zu lassen. Folgt sie jedoch dieser Norm, macht
sich die Frau zum schönen, begehrenswerten Liebesobjekt, so wird
das fast als pathologische Bildung begriffen, als körperliches Konversionssymptom.

Ferner gehöre zur normalen Weiblichkeit das Akzeptieren des
Mangels und der Minderwertigkeit. Folgt sie dem und achtet ihr
Geschlecht gering, so gilt sie als viril und kühl und ist genötigt,
auf ein sexuelles Selbstbewußtsein, das ihr erst befriedigenden Sexualgenuß gewährleisten könnte, zu verzichten.

Erfüllt sie alle weiblichen Tugenden, zärtliche Mutter und Gattin
und darüber hinaus geistig regsam und produktiv zu sein, so ver-

deckt sie nur männliche Wünsche, und ihr Verhalten wird zur "weiblichen Maske" (RIVIERE, 1930) erklärt.

Diese Reaktionsbildungen werden als Männlichkeitskomplex interpretiert, resultierend aus einer mangelnden Überwindung männlich-aktiver Libidostrebung. Sie sind aber m.E. eher zu begreifen als Ergebnis der Konfrontation mit Anforderungen von Seiten des Mannes, der aktive Äußerungen weiblicher Libido als Angriff auf seinen Penis erfährt. Ich will nun nicht behaupten, daß der Männlichkeitskomplex lediglich ein Problem des Mannes oder ausschließlich Ausdruck sozialer Beeinträchtigung sei. Wenn aber der Männlichkeitskomplex Resultat eines nicht auflösbaren Defekts sein soll, dann wird die Frau dazu verurteilt, einen Mangel zu akzeptieren, der keiner ist.

JONES und HORNEY versuchen beide, die Genese des Männlichkeitskomplexes weiter zu verfolgen und dem Schicksal der Weiblichkeit auf den Grund zu kommen. Waren es bei FREUD die männlichen Strebungen, so bei JONES die weiblichen, die zu dieser Bildung führen. Ihm zufolge ist der Männlichkeitskomplex eine Art der Auseinandersetzung mit weiblichen Triebwünschen und nicht mit anatomischen Gegebenheiten. Diese Wünsche führen aufgrund der situativen Dynamik der ödipalen Dreieckstruktur zur Angst: Angst vor Verletzung durch den inzestuösen Koitus und Angst, die Liebe der nährenden Mutter zu verlieren, zwingen das Mädchen zur Verleugnung seiner passiven Triebwünsche. Letztlich fußt aber JONES Position auf der Annahme der Passivität weiblicher Libidostruktur als Voraussetzung gegengeschlechtlicher Anziehungskraft. Biologische Bestimmung und die Struktur weiblicher Libido fallen zwar nicht mehr auseinander. Aber JONES Konzeption läßt es fraglich erscheinen, ob eine sowohl trieb- als auch ichgerechte Lösung weiblicher Entwicklung möglich wird.

Wie schon angedeutet, macht CHASSEGUET-SMIRGEL (1974) weniger globale, differenziertere Annahmen. Ihr zufolge handelt es sich beim Männlichkeitskomplex nicht um die mißlungene Verdrängung sogenannter männlicher Strebungen sondern um eine Verdrängung von Einverleibungswünschen, einer Hemmung anal-aggressiver Impulse. Diese führen nach dem Talionsprinzip zu Schuld- und Angstgefühlen gegenüber dem Vaterobjekt und kennzeichnen sich dadurch als spezifisch weiblich. Die Fäkalisierung der Penisvorstellung innerhalb der anal-aggressiven Strebungen bedeutet zugleich, den Penis anal gefangen zu halten, wie es - in der Phantasie - die Mutter tat. Sind aber die aggressiven Komponenten dem Schuldgefühl und den elterlichen Verbotsstrukturen zum Opfer gefallen, so kann dadurch eine volle Entfaltung sexueller Objektliebe verhindert sein, da Triebanteile, die notwendig zur Bildung einer libidinösen Objektbeziehung gehören, entfallen mußten. Dieser Konzeption zufolge besteht das Problem darin, die aggressiv-sadistischen Triebanteile der Verdrängung zu entziehen und damit die volle Entfaltung eines sexuellen Selbstbewußtseins der Frau zu ermöglichen.

2.2.4 Masochismus und Flucht in die Mütterlichkeit

"Wann fängt das weibliche Kind an, Weib zu werden und wann Mutter? Die analytische Erfahrung hatte mir zur Antwort gegeben: Gleichzeitig!" (DEUTSCH, 1930, S. 183)

DEUTSCH ist eine der Theoretikerinnen, bei der die Voraussetzungen über das 'anatomische Schicksal' zu den extremsten Konsequenzen führen. Sie entwickelt die FREUDsche Auffassung weiter. Nach DEUTSCH (1925, 1930, 1932, 1948) drängt die Anerkennung des Kastriertseins die aktive Klitorislibido zur regressiv-masochistischen Wendung und zum Wunsch: 'Ich will vom Vater kastriert werden'. Die libidinöse Beziehung zum Vater ist deshalb von Grund auf masochistisch. DEUTSCH spricht hier jedoch von Wendung, von

regressiver Reaktion, d.h. einer sekundären Bildung. Gleichwohl
behauptet sie: "Meiner Ansicht nach gehört diese masochistische
Wendung zum 'anatomischen Schicksal', ist biologisch dispositionell vorgezeichnet und bildet die erste Grundlage zur endgültigen
Entwicklung der Weiblichkeit, noch unabhängig von masochistischen
Reaktionen des Schuldgefühls". (DEUTSCH, 1930, S. 176) Sie spricht
weiterhin vom Masochismus als "der elementarsten Kraft im weiblichen Seelenleben". (1930, S. 183) Dieser Annahme muß aufs schärf-
ste widersprochen werden, handelt es sich doch beim Masochismus
um eine Reaktionsbildung, um eine Nach-innen-Wendung expansiver
Strebungen der Frau. DEUTSCH stellt weiterhin die masochistische
Vaterbeziehung als gesetzmäßige Folge des Penisneids und dessen
Verwandlung in den Kindwunsch dar und behauptet: "Das Lustmo-
ment liegt im sadistischen Eingriff von Seiten des Liebesobjekts
und der narzißtische Verlust wird nun durch den Kindwunsch als
Folge dieses Eingriffs entschädigt". (1930, S. 176) Der Kindwunsch
ist also seiner Natur nach masochistisch. Dies resultiert ihrer Ansicht nach notwendig aus der Tatsache, daß die Frau, bzw. das
weibliche Kind 'organlos' ist: "Der Klitoris als Leitzone fehlt jedoch die Kraftfülle des Penis; sie vermag selbst in der intensivsten
masturbatorischen Betätigung nicht jenes Maß von Libido an sich
zu reißen wie der Penis". (1925, S. 43)

DEUTSCH zufolge wird der phallischen Sexualität zuviel Bedeutung
zugemessen; entscheidend ist der 'Passivitätsschub', der rein ent-
wicklungsgeschichtlich libidinös vorgezeichnet ist. Dieser erweist sich
jedoch als reaktiver Natur, da DEUTSCH andererseits davon ausgeht,
daß der masochistische Kindwunsch umso stärker ist, je intensiver
der Kastrationskomplex und der Penisneid erfahren worden ist. Der
Passivitätsschub hängt somit von der vorausgehenden Aktivität ab.
Die Vorstellung von und über die Frau als einem kastrierten Wesen
resultiert ihrer Ansicht nach aus einer angeborenen schwächeren
Libido; die aktive Klitoristendenz innerhalb dieser Libidostruktur

ist der Grund dafür, "daß trotz des oft intensiven Ausdrucks des Geschlechtstriebes die Libido nie zu ihrer zentralen Befriedigungsform gelangen kann". (1930, S. 179) DEUTSCH macht paradoxerweise den Geschlechtstrieb verantwortlich für seine eigene Unfähigkeit zur Befriedigung.

Dennoch gibt es ein integrierendes Moment: da der starke Penisneid einen starken Kindwunsch erzeugt, so ist es der letztere, der DEUTSCH zufolge integrierend wirkt; er ist ja masochistischer Provenienz und verhilft der Vagina, zum Zuge zu kommen. "Das weibliche Individuum muß dieses neue Sexualorgan am eigenen Körper entdecken, und zwar vollzieht sich diese Entdeckung im Akte des masochistischen Bewältigtseins durch den Penis, der zum Wegweiser dieser neuen Lustquelle wird". (1925, S. 42) Im Koitus wird somit das Kastrationstrauma bewältigt und der masochistische Wunsch erfüllt - die Frau wird zum Behälter des Penis und macht den Partner in seiner Funktion als Vaterrepräsentanz zum Kind, das durch den Penis repräsentiert wird. Die sexuelle Befriedigung im Koitus ist aber nicht das ganze Sexualziel; der Höhepunkt der Befriedigung wird erst in der Geburt eines Kindes erreicht. Der Gebärakt erst stellt die "Akme (den Gipfelpunkt) der sexuellen Lust" dar, er wird gar zu einer "Orgie masochistischer Lust". (1925, S. 46). Normalweibliche Sexualität wird erst erreicht im Akt des Gebärens. Vom Gebärakt her rückwirkend ergibt sich erst die vollweibliche genitale Genußfähigkeit, die DEUTSCH zufolge im sanften passiven Aufnehmen besteht: "Diese Frauen sind psychisch gesund, ihre Beziehung zur Welt und zum Objekte ist positiv und liebenswürdig. Über ihre Erlebnisse beim Koitus befragt, geben sie Antworten aus denen hervorgeht, daß ihnen der Begriff des Orgasmus als eigenes Erlebnis - ehrlich und wahr - fremd ist. Sie empfinden beim Akte ein glücklich zärtliches Gefühl der Freudespendung ... Die Frau ist glücklich in der zärtlich-mütterlichen Spende auch im Koitus". (1930, S. 183) Die normale Sexualität der

Frau gerinnt bei DEUTSCH zum Sublimierungsakt, der in der Geburt eines Kindes besteht, was rückwirkend die erforderte Sexuallust ermöglicht. Das ursprüngliche, von FREUD postulierte Sexualziel, die genitale Spannungsabfuhr, wird bei DEUTSCH umgewandelt in das Ziel des Gebärens.

Ich bin der Ansicht, daß es sich nicht um einen rein libidinösen Entwicklungsvorgang handelt, sondern daß man dies eher auffassen und damit relativieren kann als Beschreibung der psychischen Verarbeitung einer spezifisch weiblichen Situation: der Frau war bisher sexuelle Betätigung nur gestattet, wenn dies auch der Fortpflanzung diente, nicht um der Lust willen. Daß es zu den von DEUTSCH beschriebenen masochistischen Phänomenen kommt, resultiert dann daraus, daß die Frau all ihre sexuellen Wünsche und Empfindungen um die Fortpflanzung zentrieren muß (siehe dazu auch BEAUVOIR, 1968, S. 34-38)

Daß innerhalb des biologischen Rahmens Lustfunktion und Fortpflanzungsfunktion verknüpft sind, beweist keinesfalls die Richtigkeit der DEUTSCHschen Thesen. Berücksichtigt man nämlich, daß beim Menschen rein biologisch betrachtet, Sexualfunktion und Fortpflanzungsfunktion relativ unabhängig voneinander sind im Vergleich mit niederen Säugetierarten - es gibt beim Menschen keine Brunstzeiten und die Konzeption ist von außerordentlich vielen Faktoren abhängig - so bedeutet das, biologisch gesehen, daß eine außerordentlich hohe Lustprämie erforderlich ist, um die Erhaltung der menschlichen Art zu garantieren. Besitzt aber die Sexualfunktion gegenüber der Fortpflanzungsfunktion eine Eigenständigkeit, so ist durch biologische Gegebenheiten die Entwicklung der Sexualfunktion gerade am wenigsten determiniert.

FREUD selbst weist darauf hin, welch ungeheures Verdienst es wäre, wenn es gelänge, die Sexualität völlig unabhängig von der Fortpflanzung zu machen. (FREUD, Briefe an Flieβ, 1893) Für

DEUTSCH wird jedoch gerade die Verknüpfung zur positiven Norm:
"Im Seelenleben der Frau gibt es etwas, was gar nichts mit der
bloßen Tatsache zu tun hat, ob sie real geboren hat oder nicht.
Das sind die psychischen Repräsentanzen der Mutterschaft ... Für
diese Tendenz ist die Erreichung des Kindes der Hauptzweck des
Daseins, und die Vertauschung des Gattungsziels gegen das individuelle der Lustbefriedigung kann beim Weibe weitgehend auf Kosten
des letzteren vor sich gehen . - Kein analytischer Beobachter kann
leugnen, daß im Mutter-Kind-Verhältnis ... libidinöse Kräfte im
Spiel sind, die dem Verhältnis Mann-Weib ganz nahe verwandt sind".
(DEUTSCH, 1930, S. 182)

Daß in den Partnerbeziehungen der erwachsenen Frau die frühen
ödipalen Objektbeziehungen, bzw. das Mutter-Kind-Verhältnis wieder auftauchen, erlaubt zunächst nicht den Schluß zu ziehen, die
sexuelle Beziehung zum Partner sei für die Frau im Normalfall
wesentlich ein mütterliches Sublimierungswerk, wie DEUTSCH behauptet: "Die ganze Entwicklungsgeschichte der Libido wird in flüch-
tiger Belebung noch einmal durchlaufen... das Sublimierungswerk
am Kinde vollbracht. Wäre nicht die dem Weibe feindselige bisexuelle Anlage und die Klitoris mit ihren männlichen Tendenzen, wie
klar und einfach wäre für das Weib der Weg zur harmonischen Bewältigung des Daseins!" (1925, S. 55)

DEUTSCH reißt die bisexuell-einheitliche Libidoorganisation auseinander: auf der einen Seite steht die aktiv-männliche Klitorissexualität als Ausdruck eines starken aber nicht zentralisationsfähigen Geschlechtstriebes; auf der anderen Seite steht das sogenannte genuin
weibliche, das gegen die Klitoris ankämpft und versucht, auf ein
außerhalb liegendes Moment, den Penis, diese Libido zu übertragen. Das bedeutet nichts weniger, als daß die libidinöse Besetzung
vom Genitale abgezogen wird, die Besetzung des Genitale lediglich
erogen-masochistische Qualität hat. Es besteht nach DEUTSCH im-

mer die Gefahr, daß die masochistische Komponente die Überhand bekommt, was zu pathologischen Beeinträchtigungen führen kann. DEUTSCH behauptet damit, genuine Weiblichkeit kenne keine sexuelle Genußfähigkeit.

Man braucht sich ob solcher Vorstellungen nicht zu wundern, wenn eine daran orientierte Analyse erfolglos bleibt, welche die Sexualfunktion der Frau nicht als solche zum genußvollen Erleben freimacht, sondern sie an - masochistische - Situationen bindet. Und in der Tat klagt auch DEUTSCH über die tendenzielle Erfolglosigkeit der Therapie bei neurotischen Patientinnen. (DEUTSCH, 1961, in: CHASSEGUET-SMIRGEL, 1974, S. 35)

DEUTSCH ist vor allem methodisch zu kritisieren. Zwar ist es einleuchtend anzunehmen, daß bestimmte Spannungen oder Spannungsabfuhren unlusterzeugend sind und aufgrund ihres Erregungscharakters ihre Unlustkomponente also auch "zur Erregung des Sexualtriebes abzugeben hätte(n)". (FREUD, XIII, S. 375) Man kann jedoch dieses Miteinbezogenwerden von Unlusterregungen in die Sexualerregung nicht zum konstant-kongenitalen Modell weiblicher Psyche machen. Die Integration von Spannungskonfigurationen ist immer ein Lernprozeß. FREUD selbst spricht, wenn er auf den femininen Masochismus eingeht, nie von Triebverfassung oder -anlage, sondern von "für die Weiblichkeit charakteristische Situation ..., also Kastriertwerden, Koitiertwerden oder Gebären ...". (Ges. Werke XIII, S. 374) Bei DEUTSCH werden jedoch einfach Begriffe verschiedener Abstraktionsstufen zusammengeschmolzen. Sie appliziert metapsychologische Modellvorstellungen wie Bisexualität oder Libido auf konkrete Individuen, beschreibt deren Verhalten, bzw. psychisches Erleben mit metapsychologischen Begriffen.

Die gesellschaftliche Wirklichkeit läßt der Frau eine lustvolle Ausübung ihrer Sexualität mehr oder weniger immer noch lediglich im Rahmen der Fortpflanzung zu. Konzediert man, daß diese Tatsache psychisch verarbeitet werden muß, so sind die analytischen Untersuchungen von DEUTSCH (1948) außerordentlich aufschlußreich. Diese zeigen nämlich, daß die Frau einen großen Teil ihrer sexuellen Wünsche und Bedürfnisse in einer Beziehung unterbringt, die dafür nicht voll angemessen ist - in der Beziehung zum Kind. Schon FREUD weist darauf hin, daß die Beziehung von Mann und Frau um eine Phasendifferenz auseinanderliegen, daß oft der Sohn erst das erreicht, was der Gatte sich erwünscht hat. (Ges. Werke XV, S. 144) Das Verhältnis zum Kind ist damit aber den extremen Spannungen ausgesetzt, die die Mutter selbst erfährt. DEUTSCH zeigt in ihren Untersuchungen, daß das Mutter-Kind-Verhältnis keineswegs so harmonisch ist, wie es den Anschein haben mag. Es ist nicht nur ein Verhältnis der Bedürfnisbefriedigung, sondern auch eines der unbefriedigten Bedürfnisse der Mutter; von ihrer Seite her bestehen Ambivalenzkonflikte, die sie dem Kind quasi mit der Muttermilch einflößt (siehe z.B. Laktationsstörungen). Daß solche Mütter an ihre Töchter eine ähnlich ambivalente Einstellung zur Sexualität weitervermitteln, ist offensichtlich.

2.5 Kritische Zusammenfassung der Konzeptionen der weiblichen Entwicklung im Rahmen der Ödipussituation

FREUDs Darstellung der weiblichen Sexualentwicklung läuft m.E. Gefahr, einen Artefakt zu konstruieren. Er behauptet zunächst eine parallele Entwicklung libidinöser Strebungen beim männlichen und weiblichen Kind. Beide Geschlechter versuchen in ähnlicher Weise passive und aktive Wünsche gegenüber den elterlichen Objekten, insbesondere der Mutter zu befriedigen. Vom Augenblick der Entdeckung des Geschlechterunterschiedes an aber verläuft die Entwicklung des Knaben gradlinig weiter und endet im Idealfall mit der

Auflösung des Ödipuskomplexes, während die weibliche Linie ge-
wissermaßen nach unten abknickt und in der Ödipussituation endet.
Dieser Knick ist die notwendige Folge der Ausdifferenzierung der
Geschlechter und der Errichtung des Genitalprimats.

Dabei macht er eine folgenschwere Voraussetzung: die Libido ist
männlich, die Annahme weiblicher Libido erscheint ihm ungerecht-
fertigt. FREUD begeht hier möglicherweise den Fehler, den Ober-
begriff Libido, der den Charakter einer Modellvorstellung besitzt,
dem männlichen Geschlecht beschreibend zuzuordnen. Das hat zur
Voraussetzung, daß er das Geschlecht der Frau eingrenzt auf ihre
biologische Gebärfunktion und zur Konsequenz, daß er dieses Geschlecht, da es nicht das männliche ist, kennzeichnet als mit schwä-
cherer Libido ausgestattetes. Damit setzt er Libido und biologische
Bestimmung der Frau ineins.

Nun bedeutet aber die Entwicklung des Genitalprimats für beide Geschlechter die Zentralisation der infantilen Partiallibido unter das
Primat der genitalen Zone. Die Partiallibido ist aber weder männlich noch weiblich, sondern richtet sich auf die entsprechenden
erogenen Zonen und die entsprechende Erregungsabfuhr. FREUD
setzt nun die zentralisierte Libido gleich mit der genitalen Zone
und zwar der männlichen. Die Frau besitzt konsequenzlogisch nur
insofern genitale Fähigkeiten (Zentralisation unters Genitalprimat),
als sie ein rudimentäres männliches Genitale, die Klitoris besitzt.
Genau diese muß sie aber zugunsten ihrer biologischen Bestimmung
des Frauseins aufgeben. Die Zentralisation unters Genitalprimat
könnte für die Frau nur innerhalb der infantilen Situation gewährleistet sein, innerhalb derer die Klitoris noch nicht aufgegeben
worden ist. Auf diese Weise kommt FREUD zu dem Schluß, daß
die Sexualität der Frau sich von den infantilen Momenten nicht
ganz befreien kann.

Weiterhin behauptet FREUD, daß die Erreichung des Genitalprimats eine gesunde Triebmischung bedeute. Für die Frau soll jedoch das Gegenteil gelten: ihre erwachsene Sexualäußerung steht unter dem Zeichen einer Triebentmischung, sie soll den männlichen, aggressiv-possesiven Triebanspruch aufgeben und zu einem rein passiv-rezeptiven überwechseln. FREUD konstruiert somit einen Widerspruch zwischen Triebanspruch und biologischer Funktion, der spekulativ ist. Das ist der Fall, wenn er annimmt 1) Weiblichkeit sei passiv, weil biologisch so konstituiert; 2) die Klitoris sei ein rudimentäres männliches Organ. Beide Voraussetzungen sind uneinsichtig. Normale Weiblichkeit ist m.E. ebenso auf eine Triebmischung angewiesen wie die Klitoris - Vagina ein einheitliches eigenständiges Organ ist. Nicht Triebanspruch und Funktion der Frau geraten in Konflikt, sondern der Triebanspruch der Frau erfährt innerhalb der ödipalen Situation entscheidende Deformierungen.

Die Probleme der weiblichen Entwicklung haben FREUD in seiner Konzeption in das Dilemma gebracht, Libidostruktur und Objektbeziehung (Ödipussituation) nicht mehr vermitteln zu können. Er versucht, diese Schwierigkeit folgendermaßen aufzulösen: das Mädchen hat die Mutter zum sexuellen Objekt erhoben, ihr gelten all seine phallischen Strebungen, die in der Klitorismasturbation Abfuhr finden; es gibt diese Befriedigungsform auf unter dem Druck seiner biologischen Bestimmung. Die sexuelle Energie wird aufgehoben im Penisneid, bzw. im daraus resultierenden Kindwunsch, der es den Vater zum sexuellen Objekt machen läßt. Das Mädchen verharrt in dieser Konstellation, denn sie entspricht seiner biologischen Bestimmung. Das nötigt FREUD eine Revision seiner Ödipuskonzeption ab: der Ödipuskomplex des Mädchens ist eine sekundäre Bildung, erzwungen durch seine biologische Funktion. Der Kernkomplex des Mädchens liegt in der frühen Mutterbindung, an der sich das Libidoschicksal des Mädchens entscheidet, und die im übrigen als 'grau' und 'schattenhaft' bezeichnet wird.

Wenn nun aber, um die Konsequenzen dieser Annahme zu verfolgen, mit der Mutter als Sexualobjekt auch die Klitorislibido aufgegeben werden muß, so muß man entweder behaupten, dem Vater gegenüber habe das Mädchen keine sexuellen Regungen, oder man muß konzedieren, der Vater sei Gegenstand auch der 'aktiven Klitorislibido'. Wenn FREUD aussagt, der Vater sei wesentlich "Muttersubstitut", so muß er auch die der Mutter geltenden Strebungen geerbt haben. Andernfalls müßte man schlußfolgern, die Klitorislibido würde wirklich vollständig im Kindwunsch aufgehoben, und hätte damit Weiblichkeit definiert durch ihre biologische Bestimmung. Ihre libidinöse Entwicklung ist damit aber keineswegs geklärt. An jedem Punkt, wo die passiv-empfangende Form als der weiblichen Sexualität einzig angemessene ausgegeben wird, kann der Vorwurf erhoben werden, die Psychoanalyse erhebe die familiale, kulturell vermittelte zur biologischen Norm.

Gibt FREUD die weibliche Entwicklung als Parallele und Abweichung von der männlichen an und revidiert er das Ödipuskonzept in Bezug auf Frau, so sind JONES u.a. "plus royaliste que le roi" und konstruieren eine totale Komplementarität zwischen männlicher und weiblicher Entwicklung hin zum Ödipuskomplex.

JONES versucht, FREUDs Gleichsetzung der Libido mit Männlichkeit zu vermeiden und jene von vorneherein nach ihren geschlechtlichen Äußerungsformen zu differenzieren. Er bezeichnet die frühe weibliche Libidostruktur als alloerotisch, oral-alimentär und heteroerotisch, wobei die Libido nicht nur Sexualenergie sondern auch gegengeschlechtliche Anziehungskraft bedeutet. Er versieht aber schon Äußerungen der Partiallibido mit dem Vorzeichen männlich oder weiblich (alloerotisch = feminin), appliziert ebenfalls einen metapsychologischen Begriff inadäquat auf die konkret-empirische Betrachtung der Geschlechter.

Das findet seinen Ausdruck in JONES Darstellung der Ödipusbeziehungen. Die Mutter-Kind-Relation, die FREUD als Kernproblem weiblicher Entwicklung betrachtet, wird modifiziert: die Mutter taucht auf als Rivalin, die in der Phantasie des kleinen Mädchens mit dem Vater vereinigt ist. Die Dreiecksituation leitet den Beginn der ödipal-inzestuösen Objektbeziehungen sehr früh ein. Das Mädchen hat frühe oral-weibliche Wünsche gegenüber dem väterlichen Penis. Diese Wünsche werden weiterentwickelt, bis das weibliche Kind unter dem Druck der inzestuösen Gefahr, der Angst vor dem Koitus und der Zerstörung durch den väterlichen Penis und der Angst vor Vergeltung und Zerstörung seitens der Mutter sein Geschlecht und die damit verbundene Masturbation aufgibt und in die 'Männlichkeit' flieht. Das Mädchen befindet sich damit komplementär in der gleichen Situation wie der Knabe; eine Überwindung des Ödipuskomplexes hieße für es die Überwindung der Angst vor seinen Triebansprüchen, nicht die Überwindung der Triebansprüche selbst.

JONES verfällt auf einer anderen Ebene demselben Fehler wie FREUD, wenn er die Partiallibido mit 'männlich' oder 'weiblich' gleichsetzt. Seine Konzeption der Weiblichkeit unterscheidet sich von der FREUDs darin, daß er die Libidostruktur der Frau nicht in Gegensatz zu ihrer biologischen Funktion bringt, sondern jene dieser von vornherein anpaßt, die Libidostruktur als mit der biologischen Funktion harmonisierend konzipiert. Demgemäß bestimmt er die volle Genitalfunktion (Genitalprimat) der Frau als ein Teil der Libido, als passive Rezeptivität.

Sowohl FREUD als auch JONES sowie die jeweiligen Anhänger der einen oder anderen Auffassung, geben keine befriedigende Erklärung der libidinösen Entwicklung der Frau bzw. des weiblichen Kindes. Eine diesbezügliche Analyse muß weitergehend fragen, welcher Art die Konflikte zwischen der Vaterbeziehung und der Mutterbeziehung des Mädchens sind, welchen Charakter die Mutterbeziehung aufweist und ob sich eine Typik der Beziehungskonstellationen extrapolieren läßt, die für die Frau spezifisch ist. Der nur scheinbare Konflikt zwischen Triebwünschen und biologischer Funktion bringt keine Aufklärung des "Triebschicksals" der Weiblichkeit.

3. DIE PRÄÖDIPALE SITUATION

Gegenstand dieses Kapitels ist die Mutter-Tochter-Beziehung. Die verschiedenen psychoanalytischen Konzeptionen fassen diese Beziehung als Vorgeschichte des Ödipuskomplexes auf, die determinierend für die weibliche Entwicklung ist.

3.1 Die weiblichen Triebwünsche und die Mutter-Tochter-Beziehung

"Die präödipale Phase des Weibes rückt hiermit zu einer Bedeutung auf, die wir ihr bisher nicht zugeschrieben haben". (FREUD, Ges. Werke XIV, S. 519)

FREUD weist vor allem in seinen späteren Schriften darauf hin, daß der "positive" Ödipuskonflikt des Mädchens wesentlich Ergebnis des vorausgegangenen "negativen" (Liebe zur Mutter, Rivalität gegenüber dem Vater) ist. Eigentlicher Konflikt scheint ihm die Mutterbindung des kleinen Mädchens. Er geht davon aus, daß diese Bindung präödipal ist, d.h. nicht unter der Herrschaft der Ödipusregungen steht; daraus ergibt sich, daß auch die Triebregungen prägenital sind. (FENICHEL, 1930, weist darauf hin, daß den präödipalen Objektbeziehungen die prägenitalen Triebregungen und -ziele entsprechen.) Wenn wir nun der Behauptung FREUDs folgen, auf der Ebene der prägenitalen Wünsche existiere der Geschlechterunterschied als psychische Realität nicht, so steht das nicht in Einklang mit seiner These, die präödipale affektive Bindung des Mädchens an die Mutter sei männlichen Charakters, etwa im Sinne eines Inzestwunsches. Auch hier trifft zu, daß fälschlicherweise rückgeschlossen wird von späteren Qualitäten der Objektbeziehungen des Knaben auf zeitlich vorausgegangene und dieser Schluß übertragen wird auf die Art der Besetzung beim Mädchen.

FREUD nimmt weitergehend an, daß das Mädchen bis zu einer
phallischen Libidoorganisation gelangt, d.h. zu unter der Herrschaft der Ödipusregungen stehenden, genital orientierten Wünschen,
die sich auf die Mutter beziehen. Das heißt, daß das Mädchen seine Mutter phallisch zu besitzen wünscht. Es ergibt sich damit ein
Widerspruch zur obigen These, die Mutterbindung sei durch prägenitale Wünsche gekennzeichnet. FREUD überbrückt diese Unstimmigkeit in seiner Konzeption dahingehend, daß er annimmt, diese
affektive Bindungsqualität gegenüber der Mutter übertrage das Mädchen auf den Vater, der als Muttersubstitut fungiert. Entscheidend
für die Entwicklung zur Weiblichkeit ist demzufolge der Charakter
der Mutterbindung und deren Untergang. Da nun die Mutterbindung
prägenitaler Natur ist und "die Überschreibung affektiver Bindungen
vom Mutter- auf das Vaterobjekt ... ja den Hauptinhalt der zum
Weibtum führenden Entwicklung" (FREUD, Ges. Werke XIV, S. 523)
ausmacht, ergibt sich, daß die Frau niemals richtig zum Genitalprimat gelangt bzw. mit FREUDs eigenen Worten, daß sie "es nie
zu einer richtigen Wendung zum Manne bringt". (Ges. Werke XIV,
518) Das Mutter-Tochter-Verhältnis hält FREUD für ein exclusives,
innerhalb dessen der Vater wenig relevant ist und auch als Rivale
nicht die entscheidende Rolle spielt wie für den Knaben; zugleich
nimmt er aber an, das Verhältnis zwischen Mutter und Tochter entspreche dem zwischen Mutter und Sohn in der Qualität affektiver
Bindung.

Um diese Unstimmigkeit aufzulösen kann man nun die Mutterbindung
des Mädchens unter die Vorzeichen der Ödipussituation bringen
(das ergibt sich aus der Annahme der genitalen (phallischen) Libidoorganisation), oder man muß annehmen, die libidinöse Beziehung
zwischen Mutter und Tochter entspreche nicht der Mutter-Sohn-
Beziehung. Bei FREUD selbst finden sich Aussagen, die die Mutterbindung des Mädchens als spezifische darstellen: das Mädchen, das
seine Mutter außerordentlich geliebt hat, entwickelt starke Affekte

von Haß, Mißtrauen und Verachtung, die "nicht eine Folge der Rivalität des Ödipuskomplexes ist, sondern aus der Phase vorher stammt ...". (Ges. Werke XIV, S. 524) FREUD gibt als Quelle des intensiven Mutterhasses die Erfahrung der Penislosigkeit, den Penisneid an. Doch Neid ist psychisch nicht gleichbedeutend mit Haß. Man fragt sich deshalb, ob dieser Mutterhaß nicht aus den hinter dem Penisneid stehenden Konflikten resultiert: "Nun kann ein Mangel, so vital er auch sein mag, nie ein natürlicher Mangel sein, sondern nur die Auswirkung einer Versagung oder eines Verzichts". (TOROK, 1974, S. 198) Das bedeutet, daß genauer untersucht werden muß, welche Versagungen und Verzichtleistungen innerhalb der Mutterbindung des Mädchens eine Rolle spielen.

KLEIN (1928, 1932) hat versucht, diese Dimensionen der Mutterbindung in den Kontext der Ödipussituation zu stellen. Sie verlagert die Ödipusregungen vor bis in die orale Phase und spricht von "Frühstadien des Ödipuskonflikts". (1928) Sie interpretiert die Mutterbindung des Mädchens keineswegs als exclusive, im Gegenteil: diese bestimmt zwar in hohem Maße die Beziehung zum Vater und leitet sie quasi ein, der Vater spielt jedoch von Anfang an eine entscheidende Rolle als Liebesobjekt (siehe auch JONES, 1928, 1933). Auf Grund klinischen Materials, vor allem auf Grund ihrer Kinderanalysen hat KLEIN festgestellt, daß das Kind ganz früh eine Vorstellung von "Vereinigte-Eltern-Objekt" besitzt und eine Art Koitusphantasie dieser Eltern entwickelt. (1932, S. 141) Diese Beobachtungen hält sie für einschneidend genug, um auf früher Stufe kindlicher Entwicklung wirksame Ödipusregungen anzunehmen: sie beziehen sich sowohl auf die prägenitalen Triebziele als auch auf die Objektbeziehung im Sinne der Errichtung eines präödipalen Überichs.

KLEIN nimmt folgende Entwicklung an: die Tatsache, daß die orale Versagung (damit ist nicht allein die Versagung oder Befriedigung

des quantitativen Körperbedarfs gemeint, sondern die mit diesem Akt ein-
hergehende körperliche und emotional zärtliche Zuwendung der Mutter) eine Steigerung sadistischer Impulse hervorruft, führt zu einer
Legierung von libidinösen und destruktiven Komponenten und infolgedessen zu einer ambivalenten Besetzung des Mutterobjekts. (1932,
S. 137-140) Mit der Introjektion der als befriedigend erlebten
Brust werden auch die damit verbundenen Versagungserlebnisse
verinnerlicht. - Saugstörungen des Säuglings z.B. wertet KLEIN
als Ausdruck verinnerlichter Versagung. - Die wirksamen sadistischen Impulse führen dabei zur Angst (Vergeltungsangst: aggressive
Regungen werden dem Objekt zugeschrieben), die nur behoben werden kann durch Befriedigungserlebnisse. Aufgrund der Versagung
und der darauf folgenden Steigerung sadistischer "Aussaugungsim-
pulse", die das Körperinnere der Mutter zum Ziel haben, wendet
sich das Mädchen dem väterlichen Penis als Brustäquivalent zu,
der als im Körperinnern der Mutter sich befindend vorgestellt wird.
Der Wunsch, der Mutter das Körperinnere einschließlich des väterlichen Penis auszusaugen, führt zu neuerlicher Angst, daß das
eigene Körperinnere von der Mutter zerstört würde. Da es sich
um innere phantasmatische Objekte handelt, ist die Angst eine um
und vor dem Körperinnern, sowohl dem der Mutter als auch dem
eigenen. Den Wunsch, den Penis des Vaters ins eigene Körperinnere sich einzuverleiben, wertet KLEIN als genitale Regung, die
zur Bildung einer Vorstellungskette Mund-Vagina führt. Die 'genitale' Regung löst erneut Angst aus; diese Angst, das Körperinnere
der Mutter beraubt zu haben und dafür zerstört zu werden, greift
über auf das Vater(penis)objekt, das deshalb für das Mädchen ebenfalls einen 'gefährlichen' und sadistischen Charakter bekommt. -
Angst und Mißtrauen beherrschen damit von vorneherein die Mutterbeziehung und von daher die Beziehung zum Vater.

Diese Affekte initiieren die frühe Ausformung eines Über-Ich, das
KLEIN zufolge nicht erst Erbe des zerstörten Ödipuskomplexes

ist, sondern einhergeht mit dem Auftauchen früher Ödipusregungen:
"Die Verbindung der Über-Ich-Bildung mit den prägenitalen Entwicklungsstufen ist in doppelter Hinsicht bedeutungsvoll: das Schuldgefühl wendet sich gegen die noch vorherrschenden oral- und anal-
sadistischen Entwicklungsstufen. Andererseits: dieses erste Stück
Über-Ich bildet sich unter der Herrschaft dieser Stufen, wodurch
die sadistische Strenge des Über-Ich eine Erklärung findet". (1928,
S. 66) Die spezifisch weibliche Konfliktsituation ist für KLEIN die
Verknüpfung von oral-genitalen, auf die Vagina übergreifenden Regungen gegenüber dem väterlichen Penis mit der angstbesetzten
Vorstellung vom Körperinnern. Die Vagina als nach innen gerichtete Körperhöhle fungiert als Schauplatz aller sexuellen Vorgänge.

Der sadistische und zugleich angsterzeugende Impuls gegenüber dem
Körperinnern der Mutter besteht ebenso für den Knaben. Doch liegt
der Unterschied darin, daß der Knabe Angst und Sadismus akzen-
tuierter auf den väterlichen Penis im Mutterleib richtet, den er
zerstören will und deshalb selbst vom Vater zerstört zu werden
befürchtet; während das Mädchen diesen Penis vorwiegend ins eigene Leibesinnere aufnehmen will, die Aggression also spezifischer
auf die Mutter und deren Leibesinnere richtet.

- Daß die Vorstellung vom Körper der Mutter als Schauplatz aller
sexuellen Handlungen eine realistische Grundlage hat, versucht
DALY (1935) zu erhärten. DALY nimmt an, daß der Körper der
Mutter dem Kind sehr wohl vertraut ist - die meisten Mütter nehmen ihre Kinder mit zu sich ins Bett, ziehen sich vor ihnen an
und aus, lassen sie an ihrem Körper herumkrabbeln usw. - und
daß aufgrund dieser Nähe zum mütterlichen Körper auch eine Vorstellung vom weiblichen Genital besteht, die keineswegs phantastisch
ist, sondern sehr realistisch sein kann. Für diese Annahme spricht
DALY zufolge der kindliche Sexualtropismus (der Geruch, etwa
bei Zersetzung von Menstrualsekreten, wirkt als Auslösereiz), der

noch unverbildete Geruchsinn der Kleinkinder bewirkt eine Aktivierung sexueller Regungen. Da gerade der Geruch einer der biologisch gesehen stärksten sexuellen Reize ist, ist er zugleich den frühesten und stärksten Verdrängungszwängen ausgesetzt - phylogenetisch wie ontogenetisch. DALY faßt aus diesem Grunde den "Menstruationskomplex", d.h. die Tabuisierung menstruierender Frauen, die Blutscheu, als Kern des Ödipuskomplexes auf. -

KLEIN schlußfolgert ihrerseits aus klinischem Material, daß das Mädchen Wünsche und Ängste mehr ums Körperinnere zentriere und daß das Mädchen von Anfang an oral-vaginale, rezeptive Triebwünsche gegenüber dem väterlichen Objekt entwickle. Zugleich stößt die Bindung an die Mutter, die diejenige gegenüber dem Vater bestimmt, auf die Schwierigkeit, "daß die Möglichkeit zur Identifizierung mit der Mutter aufgrund der anatomischen Gleichartigkeit (im Vergleich zur analogen Situation des Knaben dem Vater gegenüber) durch den Umstand behindert ist, daß die den weiblichen Sexualfunktionen dienenden i n n e r e n O r g a n e - die der Mutter sowohl wie die eigenen - ... der Erforschung und Überprüfung nicht zugänglich sind. Diese Schwierigkeit ... erhöht die Wirksamkeit der angsterregenden Mutterimago, die das Innere des Leibes bedroht und Rechenschaft für geraubte Kinder, Stuhl und den väterlichen Penis fordert. Eine Imago, die aufgrund der sadistischen Angriffe gegen die Mutter entwickelt wurde". (1932, S. 245)

Den eigentlichen Ursprung dieser von Angst und Mißtrauen gekennzeichneten Beziehung zur Mutter sieht KLEIN allerdings in der stärkeren Wirksamkeit der Introjektions- und Projektionsmechanismen, die beim Mädchen daherrührt, daß ihr Genitale ein 'nach Innen' gerichtet sei: "Infolge der anatomischen Beschaffenheit des weiblichen Genitales, das den vorgezeichneten Charakter des Aufnehmens trägt, stehen die Ödipusstrebungen des Mädchens stärker unter der Herrschaft der oralen Triebregungen, und die Introjek-

tion des Über-Ichs ist weitergehend als beim Knaben". (1932, S.
242) Das Mädchen introjiziert nicht nur den Körper der Mutter
sondern auch den Penis des Vaters, und die an diesen geknüpften
Allmachtsphantasien formen das Über-Ich des Mädchens.

Auch bei KLEIN wird unter der Hand die objektlibidinöse Entwicklung des Mädchens, die Bevorzugung bestimmter psychischer Me-
chanismen, die die Objektbeziehung gestalten, zurückgeführt auf
eine oral-rezeptive Anatomie und eine daraus resultierende Triebstruktur, welche zwangsläufig zu einer introjektiven Einstellung des
Mädchens zu seinen Objekten führen sollen. Diese Auffassung ist
dahingehend zu kritisieren, daß die Anatomie keineswegs aus sich
heraus eine Objektbeziehung schafft, die zu Entwicklungskomplika-
tionen führen würde, sondern daß umgekehrt die introjektive Triebstruktur eine Wirkung der existenten Beziehungskonstellation ist,
in der sich das Mädchen und seine Liebesobjekte befinden: die
(heterosexuelle) Liebe zum Vater wird dem Mädchen ermöglicht
um den Preis, die Mutter als (homosexuelles) Liebesobjekt aufzugeben. Das führt zu einer unverhältnismäßig starken, als spezifisch
'weiblich' betrachteten Angst vor Liebesverlust. Für das Mädchen
bedeutet das, von demjenigen, den man verlassen hat, nicht mehr
geliebt zu werden. Der Verlust der Mutterliebe oder die Angst
davor ist aber für das Mädchen ungleich bedrohlicher als etwa der
Verlust der Vaterliebe; denn die väterliche Fürsorge hat für es
nie die Intensität, Qualität und das Ausmaß besessen wie die mütterliche, deren Verlust darum schmerzlicher erscheint. Die Passivität, des Abhängigsein, die Angst vor dem Liebesverlust ist der
'weiblichen' Psyche nicht inhärent, wie in der psychoanalytischen
Literatur zum großen Teil angenommen wird; auch erklären sich
diese Phänomene nicht als Funktion des weiblichen Sexualappara-
tes, wie KLEIN u.a. annehmen, sondern daraus, daß das Mädchen
angewiesen ist auf die Zuwendung des mütterlichen Objektes, das
sie selbst verlassen soll, wie es die kulturelle Norm erfordert.

Daß es zugleich mit diesem Objekt, von dessen Zuwendung es abhängig ist, in einen Interessengegensatz bzw. Rivalitätssituation tritt, ist die eigentliche Komplikation in der psychosexuellen Entwicklung des Mädchens. Die Erfahrung von Liebe, Herrschaft und Konkurrenz in ein und demselben Objekt: der Mutter, blockiert die objektlibidinöse Entwicklung des Mädchens.

Um diesen Zusammenhang zu illustrieren, sei kurz ein Fall referiert, den ODIER (1932) schildert:
Anna lebt bei ihrer Mutter, die sich von ihrem Gatten (Annas Vater) getrennt hat und die Anna stark an sich bindet. Anna sieht ihre Mutter als mächtig und rein, die die Masturbationserlebnisse, deren Anna sich sehr schämt, sicher nicht verstehen würde. Als Anna mit ihrer Mutter verreist müssen sie eine Nacht in einem sogenannten Stundenhotel übernachten; Anna ist entsetzt darüber und fühlt sich gedemütigt durch die Vorstellung, daß der Eindruck erweckt werden könnte, sie verkehre mit ihrer Mutter homosexuell; als sie ihre Mutter bittet doch noch ein anderes Hotel zu suchen, tut ihre Mutter Annas Ängste als absolut lächerlich ab. - Anna hat einen Traum: sie träumt von einem Mann, der Brüste in Gestalt von Penissen hat. Sie zieht also, interpretiert ODIER, den Mann mit dem Penis der Mutter vor, will aber auf deren Brust (Brustnahrung = Liebe) nicht verzichten, weil auf das infantile Liebesobjekt nicht verzichtet werden kann. Diese Liebe wird ihr aber nur zuteil, wenn sie bei der Mutter bleibt und sich ihr unterordnet - dafür will sie aber die Mutter mit niemanden teilen müssen. Die Rivalität mit der zugleich nährenden = liebenden Mutter als Ausweg aus der Unterordnung und Abhängigkeit ist unerträglich, da ein Liebesverlust befürchtet werden muß. Die Regression auf frühere Stufen erscheint als einziger Ausweg und ist fast typisch für die weibliche Entwicklung: "Man kann sich des Eindrucks nicht erwehren, daß der tiefere Grund eben in der falschen Auffassung der Frau zu suchen ist, die das infantile Mutter-Überich dem Weibe

aufzwingt". (ODIER, 1932, S. 483) Das von der Mutter in Kraft gesetzte Sexualverbot als Preis für ihre mütterliche Zuwendung zwingt das Mädchen zu einer Anpassungsleistung, die einer Regression gleichkommt und eine Deformierung seiner spezifischen Sexualität bedeutet.

3.2 Die Ambivalenz der Mutterimago

"Nur das Verhältnis zum Sohn bringt der Mutter uneingeschränkte Befriedigung". (FREUD, Ges. Werke XV, S. 143)

Wenn es stimmt, daß im kindlichen Gefühlsleben die Ambivalenz das Regelrechte ist (FREUD), so gilt dies am stärksten für das weibliche Kind; nehmen wir aber in diesem Kontext das obige Zitat in seiner vollen Tragweite, so kann man die Vermutung wagen, daß die Ambivalenz der kindlichen Gefühle in der Mutter-Tochter-Beziehung herrührt aus der ambivalenten Einstellung der Mutter gegenüber dem weiblichen Kind.

Wie wir oben (s. Kap. 3.1) gesehen haben ist schon die erste, orale Beziehung zur Mutter nicht nur eine zärtliche, sondern sie ist gekennzeichnet durch Versagungen, die sadistische Impulse gegen die Mutter aktivieren und zur Vergeltungsangst und schweren Schuldgefühlen führen. Das Verhältnis zur Mutter hat von vorneherein nicht nur die zärtliche und egoistisch Befriedigung fordernde Seite, sondern auch die düstere des Hasses, der Angst und der Ohnmacht. Wenn sich diese Affekte alle um den Mutterleib, das Körperinnere der Mutter drehen, wird dieser zum Reservoir aller guten, köstlichen, befriedigenden Objekte und zugleich gefährlich und zerstörerisch. Die Mutter ist liebens- aber auch hassenswert und das Mädchen ist ihr, die über alle Befriedigungsmöglichkeiten verfügt, zugleich hilflos ausgeliefert.

Das Mädchen überträgt diese ambivalente Einstellung auch auf das
Vaterobjekt, weil die Mutter auch über den Penis des Vaters verfügt. Um sich ein einigermaßen eindeutiges, befriedigendes Objekt
zu erhalten, neigt das Mädchen dazu, diese Ambivalenz ständig
zu umgehen. STAEWEN-HAAS zufolge führt aber diese Tendenz umso mehr zu gefährdeten, instabilen Objektbeziehungen: "Nach meinen eigenen Beobachtungen kann diese Aufspaltung der Eltern in ein
gutes und ein schlechtes Objekt, bzw. die Verteilung libidinöser
und aggressiver Besetzung auf ein Elternteil bei Frauen auch wech-
seln, aber immer unter Beibehaltung des Aufteilungsprinzips. So
erscheint z.B. in dem analytischen Material über Vaterfiguren aus
der Umgebung einerseits und der Übertragung andererseits der
Vater geliebt, die Mutter gehaßt, was dann mehr oder weniger
plötzlich umschlägt, indem nun alle libidinöse Zuwendung der Mutter gilt und die Vaterfigur zum schlechten, abgelehnten Objekt wird.
Wesentlich ist bei diesem Vorgang, daß eine Integration von Liebe
und Haß (bzw. von libidinösen und aggressiven Besetzungen; Anm.
von E.G.) in Bezug auf einen Partner vermieden wird. Dies stellt
den Versuch dar, den Ambivalenzkonflikt zu umgehen. Bei der eben
geschilderten Art der Beziehung werden die Vater- und Mutterfi-
guren weitgehend geschlechtsunspezifisch, und die libidinöse Besetzung gilt ihnen nur in ihrer Eigenschaft als mögliche omnipotente
Objekte ..., was den regressiven Charakter der Idealisierung un-
terstreicht. Notwendigerweise ist diese regressive symbiotische
Beziehung immer instabil, da ständig von Enttäuschungen bedroht.
Um der Enttäuschung und dem Ambivalenzkonflikt zu entgehen, erfolgt nun die libidinöse Besetzung der gegenteiligen Elternfigur, die
bald das gleiche Schicksal erleidet, womit der circulus vitiosus
perfekt ist". (1969, S. 25)

Es ist wahrscheinlich schwer festzustellen, da diese Vorgänge unbewußt ablaufen, inwieweit die Mutter diese Ambivalenz induziert
durch starke Versagungs- und rigide Entwöhnungstendenzen gegen-

über der Tochter. Dafür könnte sprechen, daß sich die Ambivalenz in der bei Frauen häufigen Vergiftungsangst als Projektionsmechanismus darstellt, wobei die eigenen sadistischen Impulse gegen die versagende mütterliche Brust der Mutter zugeschrieben werden. Versagung - Sadismus - Angst und Schuldgefühl - bilden einen sich ständig reproduzierenden Zirkel, der die Ambivalenz der Mutterimago aufrechterhält und dem Mädchen große Energien abverlangt, Angst und Schuldgefühl bezüglich der Mutter zu verarbeiten. Den Formen der Konfliktbewältigung sind enge Grenzen gesetzt: "Der aus diesen Angstquellen resultierende Antrieb, gutzumachen, der Mutter alles wiederzugeben, war ihr entnommen wurde, ... steht aber in Gegensatz zu dem durch die Angst verstärkten Antrieb, ihr alles vorhandene zur Rettung des eigenen Körpers zu entnehmen" schreibt KLEIN (1932, S. 217).

Wie KLEIN aus ihren Erfahrungen bei Kinderanalysen berichtet, resultiert aus diesem Zirkel ein besonderes Mißtrauen der Tochter gegenüber der Mutter: "Zeitweise bekundet das Kind, das eine Zeichnung, Papierschnitzel ... in ein Päckchen verpackt, verschnürt und sorgfältig in der Spielzeugschublade verwahrt, mir gegenüber tiefes Mißtrauen. Ich darf dann dem Päckchen und der Schublade nicht nahe kommen, soll während der Verpackung beiseite stehen, oft sogar wegsehen. Manche Kinder mustern, wenn sie mein Zimmer betreten, mißtrauisch den Vorrat an Papier, die Bleistifte ..., wollen feststellen, ob der Inhalt der Schublade nicht durcheinandergeschüttet wurde, ob ... nichts fehlt oder nichts vertauscht wurde. Die Analyse erweist dann, daß der Schubkasten (ebenso wie das verschnürte Päckchen) die Bedeutung des eigenen Körpers hat, und daß die Angst des Kindes dahin geht, von der Mutter nicht nur angegriffen und beraubt zu werden, sondern auch von ihr "böse" Dinge anstatt des eigenen "guten" Leibesinhaltes zurückzubekommen". (1932, S. 218-219)

Die Ambibalenz angstbesetzter Wünsche verlängert sich weiter in
die anale Situation der Objektbeziehung. ROTTER (1934) beschreibt
die Einstellung der Mutter dem Mädchen gegenüber als wesentlich
strenger im Vergleich zum Knaben: gegenüber dem Mädchen findet
eine geringere anale Verwöhnung statt, wobei die anale Aktivität
des Mädchens gänzlich der Kontrolle der Mutter unerliegt, die die
lustvolle anale Betätigung verbietet und im selben Zuge ihr kleines Töchterchen wie eine Puppe herausputzt und ihr einschärft,
sich nicht zu beschmutzen und dergleichen mehr. - Dieser früh und
streng einsetzenden Kontrolle der analen Triebregungen entspricht
der Sachverhalt, daß Mädchen früh geistig regsamer, "altklug" wirken und Knaben gleichen Alters intellektuell oft weit voraus sind.
Es darf jedoch nicht außer Acht gelassen werden, daß dies eine
Wirkung fremder, von der Mutter ausgeübter, nicht-autonomer Kontrolle ist. - Die mütterliche Kontrolle bezieht sich nicht nur auf
die Objekte, die Körperprodukte, sondern auch vor allem auf die
Tätigkeiten des Mädchens. Die eigentliche Intention beispielsweise
des 'Herausgeputztwerdens' (auch hier ist es nicht seine eigene
Tätigkeit, sondern wird von der Mutter ausgeübt), nämlich das 'An-
locken', das 'Auffordern', darf das Mädchen nicht in Aktion treten lassen. ROTTER ist der Auffassung, daß das Mädchen sehr wohl
um seine eigene Fähigkeit, "Liebe zu erwecken" weiß und diese
wahrnehmen möchte; es weiß sehr wohl, daß es in der Lage ist,
zärtliche Zuwendung, 'leuchtende Blicke' zu erwecken, wenn es
sich seinen Liebesobjekten, etwa dem Vater schmeichlerisch nähert.
Aber alle diese Tätigkeiten unterliegen der mütterlichen Kontrolle,
die die autonome Erfahrung der eigenen Anziehungskraft, des 'Ich
kann das bewirken' verunmöglicht, da die Tochter nur ihrem mütterlichen Willen unterliegen soll.

BALINT schildert am Beispiel einer jungen Frau, die sich zum
Thema 'Kindsmörderin' äußert, dieses Besitzverhältnis: "... sie
betrachtete das ganze Geschehen als eine innere Angelegenheit der

Mutter, denn das eigene Kind ist doch nicht die Außenwelt". (BA-
LINT, 1939, S. 103) Nirgends gilt aber dieses Besitzverhältnis,
diese Hereinnahme in die eigene Innenwelt so stark, wie in der
Beziehung Mutter-Tochter. Ist doch die Tochter noch viel weitge-
hender als der Sohn Teil des mütterlichen Selbst, da sie das gleiche Geschlecht hat und der Mutter zur emotionalen Stabilisierung
dient. Die Tochter ist somit in doppeltem Sinn abhängig: einmal
aufgrund ihrer libidinösen Wünsche nach oraler Befriedigung und
analer Verwöhnung durch die Mutter; zum andern durch die Kontrolle, die die Mutter über sie ausübt und die Notwendigkeit für
die Mutter, sich die Stabilisierung zu erhalten, die diese Kontrolle
ihr gibt.

Die Ambivalenz der Mutterimago des Mädchens, die sich ausdrückt
im Bild der omnipotenten Mutter, die alle Wertattribute besitzt,
über alle Befriedigungsmöglichkeiten verfügt und deren Kontrolle
man zugleich total unterworfen ist, liegt im mütterlichen Objekt
selbst, das Liebe gibt: aber nur unter der Bedingung der töchter-
lichen Unterwerfung.

3.3 Die anale Mutterimago und die Hemmung der
    Sexualität

"Bemächtigung - Sadismus - Analität. Diese Kette ist eine notwen-
dige Komponente für die sexuelle Vollendung. Ihre vollkommene
Verquickung ist das Zeichen der genitalen Reife". (CHASSEGUET-
SMIRGEL, 1974, S. 142)

Um ein tieferes Verständnis der Struktur der Mutter-Tochter-Beziehung bemühen sich vor allem in letzter Zeit Autoren des französischen Sprachraums, CHASSEGUET und TOROK (1974), auf die
ich mich in diesem Kapitel beziehen will.

Daß die Herrschaft über den eigenen Körper und die Erfahrung lustvoller Sensationen der Mutter zukommt, verstärkt sowohl die Angst des Mädchens um die Integrität des Körperinnern als auch seine ohnmächtige Wut. "Das Kind muß sich also im Verlauf der analen Beziehung zugunsten der Mutter von seiner eigenen Tätigkeit bei der Schließmuskelbeherrschung entfremden. Daraus resultiert eine unausgesprochene Aggressivität gegen die Mutter ... Das Kind muß die von der Mutter ausgeübte Herrschaft als Manifestation ihres Interesses an dem Besitz der Exkremente interpretieren, und zwar bereits während diese sich noch im Körperinnern befinden ... Das Körperinnere gerät seinerseits unter die mütterliche Kontrolle. Wie soll man sich von einer solchen Herrschaft freimachen, wenn nicht durch die Umkehrung der Beziehung? So entstehen die mörderischen Phantasien vom Bauchaufschlitzen, das Körperinnere der Mutter herauszureißen, Ort und Funktion ihrer Herrschaft zu zerstören". (TOROK, 1974, S. 200) Die einzige Möglichkeit, sich alles zurückzuholen wäre, sich mit der Mutter und ihrer Macht zu identifizieren. Das hieße aber die Mutter zu berauben, die dann leer und 'böse' werden würde: "Die überfordernde Mutter erzeugt eine eifersüchtige, leere, unbefriedigte Mutterimago. Wie sollte sie sich mit sich selbst begnügen, wenn ihr allein die Herrschaft über das Kind Befriedigung verschafft? ... Die Wirkung des Masturbationsverbots liegt genau darin, das Kind an den Körper der Mutter zu ketten und seinen eigenen vitalen Plänen Fesseln anzulegen". (TOROK, 1974, S. 205)

In diesem Kontext ist nach TOROK und CHASSEGUET-SMIRGEL auch die Beziehung zum Vater zu sehen. Um der Abhängigkeit von der Mutter zu entfliehen, wenn sie masturbatorische Aktivitäten (auch nicht-genitale Masturbation) verbietet, flüchtet das Mädchen zum Vater und seinem Penis, der sowohl befriedigendes Objekt sein soll, als auch Mittel zur Zerstörung der mütterlichen Allmacht. Erinnern wir uns hier an die These KLEINs; ihr zufolge sind die Wünsche

des Mädchens in Bezug auf den Vater primär und objektlibidinös;
die Ambivalenz, d.h. die Verschmelzung von Sadismus und Angst
aufgrund von Versagungen mit dem objektlibidinösen Streben wird
erst reaktiv auf den Penis übertragen; aufgrund seiner Funktion
als Waffe gegenüber der Mutter wird er selbst auch gefährlich, da
er der Mutter 'geraubt' wurde. TOROK und CHASSEGUET stellen
aber fest, daß das objektlibidinöse Begehren des väterlichen Penis,
von dem man auf dieser Stufe infantiler Entwicklung nur Vermutun-
gen anstellen kann, auf jeden Fall verschwindet (sofern es überhaupt vorhanden war) hinter der Notwendigkeit, sich von der Mutter
allererst zu befreien. Mögliche genitale Regungen werden auf der
analen Ausgangssituation fixiert: der väterliche Penis wird als narzißtischer Wert gebraucht, um es der Mutter "zeigen" zu können;
das führt zu einer Idealisierung des Penis (Entsexualisierung der
Penisvorstellung), der um jeden Preis als 'gutes' Objekt erhalten
werden muß und gerade darum für ambivalente Besetzungen anfällig
ist. Dieser Vorgang erschwert die Identifikation mit der Mutter.
Sich mit der Mutter zu identifizieren hieße, sich selbst die mütterlichen Vorrechte anzueignen, der Mutter die Herrschaft über Faeces, Kinder und den väterlichen Penis zu rauben - was zugleich
den Verlust der mütterlichen Liebe nach sich zu ziehen droht. Es
entsteht die Tendenz, diese Impulse ungeschehen zu machen, 'wie-
dergutzumachen', um dieser - prägenitalen - Liebe nicht verlustig
zu gehen. Diese Tendenz führt zur Errichtung eines strengen mütterlichen Über-Ichs, das das Verbot der kindlichen Sexualbetätigung
beinhaltet: "Es sind von der Mutter ausgehende Sexualverbote, die
der Triebäußerung im Wege stehen; ihre Wirksamkeit verdanken
diese Sexualverbote der im Unbewußten fortlebenden ursprünglichen
prägenitalen Mutterbindung der Frau, die ihr einen Liebesverlust,
besonders den Verlust der Mutterliebe so unerträglich erscheinen
läßt ... Ich glaube aber, daß in geringerer Stärke derselbe Konflikt bei allen Frauen nachzuweisen wäre. Ich habe eine beträcht-

liche Anzahl von Träumen normaler Frauen, die ein befriedigendes Sexualleben führten, analysiert und die gleichen unbewußten Situationen gefunden; immer wieder dieses sehnsüchtige Verlangen, sich mit der Mutter zu versöhnen". (ODIER, 1932, S. 447).

Die Identifikation mit der Mutter, um an ihrer Stelle mit dem Vater zu verkehren wie die Mutter, würde eine Vertreibung der Mutter implizieren; für das Mädchen kommt das einem Aufgeben einer Liebe gleich, die von lebensnotwendiger Bedeutung ist. Das führt zum Drama: "Mit dem Ende des analen Stadiums müßte das kleine Mädchen in seinen Masturbationsphantasien eine gleichzeitige Identifizierung mit beiden Eltern realisieren können ... Wenn die Tochter versuchen würde, sich auf den Vater zu stützen, um sich von der analen Mutter zu befreien, hätte sie es gleichzeitig mit dem heterosexuellen Objekt der Mutter zu tun, stünde folglich schon wieder in Gegensatz zu deren Interessen ... (es) bleibt der Mutter keine Wahl, sie muß als höchst gefährlich erscheinen - von der restlosen Zerstörung bedroht, droht sie selbst mit restloser Zerstörung. Die Überlagerung von Herrschaft und Rivalität in demselben Objekt blockiert die Auswege aus dem analen Stadium und zwingt das Mädchen, seinen Wünschen zu entsagen ...". (TOROK, 1974, S. 228-229) Eine adäquate Identifizierung ist nicht möglich, Mutter- und Vateridentifikation blockieren sich gegenseitig; die Mutteridentifizierung ist verbunden mit der Gefahr des Liebesverlustes, die droht, wenn das Mädchen mit der genitalen Partnerin des Vaters konkurriert; die Identifikation mit dem Vater ist wegen seines spezifischen Geschlechts gehemmt. Als einzige Möglichkeit bleibt die Idealisierung des Vaters, die eine Entsexualisierung der Penisvorstellung und der darauf bezogenen Wünsche darstellt; diese Idealisierung läßt die Rechte der Mutter unangetastet und ermöglicht zugleich die Identifikation mit dem Vater, allerdings um den Preis der Selbstverwirklichung und der Autonomie.

TOROK schildert diese Konflikthaftigkeit von Identifizierungen eindringlich am Fall einer jungen Frau, die wegen beruflicher und emotionaler Schwierigkeiten die Analyse aufsucht. Diese junge Frau, Ida, legt sich Selbstverbote auf in Bezug auf den Genuß ihrer sexuellen und intellektuellen Fähigkeiten; Selbstverbote, die der Introjektion eines Mutterbildes entstammen - einer Mutter, die "arm" und "leer" würde, wenn Ida sich von ihren Geboten trennte. Idas Geschichte: "Meine Mutter schickte mich nie pünktlich zur Schule. Ich mußte immer zu spät weggehen, weil sie nicht allein sein wollte. Auch die Ferien wollte sie immer überziehen ... als ich klein war, machte es mir Spaß mein Pipi zurückzuhalten. Wenn die alte Haushälterin merkte, daß ich von einem Bein aufs andere trat, schickte sie mich aufs Klo ... Man hat mir immer eingeredet, die Mädchen hätten nichts, nichts als ein Loch, wo etwas herauskommen kann. Ein Mädchen darf nichts zurückhalten". (TOROK, 1974, S. 210)

Daß Idas Freiheit bezüglich ihrer analen Bedürfnisse beschnitten war, und daß ihre Mutter sie stark an sich zu binden versuchte, führt dazu, daß Ida zu ihrem Mann Jacques ein sexuell und emotional konflikthaftes Verhältnis entwickelt: "Ich sah Jacques an seinem Schreibtisch sitzen; er schrieb. Ich wollte das auch können. Ich war ... wie eifersüchtig. Mein Studium ... ist immer noch meine große Angst ... Ich krieg panische Angst, wenn Jacques mich festhält. Ich mußte an den Innenflur in ihrem Haus denken... Wenn Jacques mich so festhält, daß ich mich nicht losmachen kann, trete ich mit den Füßen. Ich kann es nicht ausstehen, wenn mich jemand festhalten will ... Für meine Mutter war ich eine Anziehpuppe. Manchmal wünschte sie, ich wäre ihre Mutter ... Ich habe mich zu meiner Mutter zurückgezogen. Ich war krank. Ich mußte brechen. Meine Mutter hat sich immer geweigert, mich in ihre Küchengeheimnisse einzuweihen. Sie ließ mich immer nur Zwiebeln schneiden und Petersilie hacken. Hacken und Schneiden,

sonst durfte ich nichts". (TOROK, 1974, S. 215) "Es versetzte
mir einen Schock, als ich sah, daß Jacques das Geschirr spülte.
Ich schämte mich, als hätte man ein verborgenes Teil von mir
selbst enthüllt. Ich schämte mich, mitanzusehen, wie Jacques ...
wie soll ich sagen? ... eine Frau wurde. Natürlich ist das nicht
der Grund, ... aber wieso war das so beunruhigend?" "Vielleicht,
weil 'Frau' für Sie nicht die gewöhnliche Bedeutung hat. 'Frau'
heißt für Sie, 'geschlechtslos' sein. Beunruhigend war möglicherweise der Gedanke, Jacques könne 'geschlechtslos' werden". (TO-
ROK, 1974, S. 208) Während der Analyse, in deren Verlauf Ida
sich langsam orgastische Gefühle und Lust, ihren Beruf auszuüben
wieder zugesteht, wird erneut die Forderung nach Freiheit ('als
ich klein war, machte es mir Spaß, mein Pipi zurückzuhalten'
usw.) gefährdet. Ida träumt: "Da war eine Arena ... Der Löwe
sollte im Innern sein, aber in Wirklichkeit war er draußen. Er
lief, lief um die Arena herum ... Ich war mit einem Freund zusammen, und bat ihn, mich zu schützen. Ich war neben ihm, wir
liefen auch. Der Löwe lief in der gleichen Richtung wie wir. Er
war wie ein Mann. Komisch. Ich drehte mich um und sah, daß
er tanzte, daß er Sprünge machte ...". (TOROK, S. 215) Diesen
Traum deutet TOROK in folgender Weise: "Das komplexe Symbol
vom 'Löwen' ... verdichtet das Bild vom Penis (Lust-Objekt) und
die Liebesgesten von Mann und Frau zugleich (die 'Sprünge', der
'Spargat') ... Aber sie schafft es noch nicht ganz: der Löwe
bleibt 'draußen'. Der Wunsch präzisiert sich (mit dem Penis Lust
zu empfinden), aber Ida fürchtet sich, weil sie allmählich orgastische Gefühle empfindet ... Wenn sie diese Gefühle zuließe, würde
das den Bruch der Mutterbindung bedeuten. Frustriert und verletzt
könnte die Mutter die Situation umkehren und die Tochter verletzen
...". (TOROK, S. 216)

Die stark von Angst durchsetzte Beziehung zur Mutter führt zu
einer spezifischen Vaterbeziehung: der Vater erscheint als rein,

aber auch als verletzbar. Sich mit der analen Mutter zu identifizieren, bringt die Angst und das Schuldgefühl mit sich, in gleicher
Weise wie die Mutter, den Vater bzw. den Partner zu kastrieren.
Am Fall Idas wird das deutlich in ihrer Schilderung der Szene mit
Jacques, der das Geschirr spült und als Frau, das heißt 'geschlechtslos', 'kastriert' erscheint und bei Ida Scham auslöst. Den Partner
zur 'Frau' = 'Kastrat' zu machen oder ihn auch nur so zu sehen,
entspricht Idas Scham, sich selbst zum 'Mann' zu machen, Tätigkeiten zu entfalten, zu denen sie nicht berechtigt ist, weil sie sie die
Stellung des reinen 'verletzbaren' Vaters einnehmen lassen, und
ihn dadurch seiner Rechte beraubt, ihn verletzt.

Dieser Konflikt kommt vor allem auf der Ebene intellektueller Betätigungen zum Ausdruck. Nach CHASSEGUET-SMIRGEL (1974) ist
das gute intellektuelle Funktionieren schon in der kindlichen Vorstellungswelt für beide Geschlechter ein Äquivalent für den Besitz
des Penis: Yvonne, ein kleines Mädchen meint, daß die Jungen
"alles können, sie sprechen sofort alle Sprachen ...". (1974, S.
152) Das gute intellektuelle Funktionieren hat für einige Patientinnen CHASSEGUET-SMIRGELs "die Bedeutung eines Penis, den sie
dem Vater auf ähnliche Art und Weise geraubt hatte, wie die Mutter ... Diese Kastration stellt sie auf eine Stufe mit der Mutter,
die die Macht des Vaters usurpiert hat". (1974, S. 153)

Die starke anale Abhängigkeit des Mädchens von der Mutter führt
also nicht nur zu Angst- und Schuldgefühlen gegenüber der Mutter,
sondern auch zu spezifischen Schuldgefühlen dem Vater gegenüber:
das Mädchen versucht, das idealisierte (entsexualisierte) Vater-
bild ambivalenzfrei zu erhalten und jede aggressive, bemächtigende
Strebung ihm gegenüber zu unterdrücken; das Sexualverbot wirkt
sich in seiner ganzen Stärke auf die objektlibidinösen Wünsche dem
väterlichen Penis gegenüber aus. CHASSEGUET-SMIRGEL spricht
in diesem Kontext von einer Konfliktualisierung der Einverleibungs-

wünsche. Diese zieht sexuelle aber auch berufliche Hemmungen, Ängste und Eheprobleme nach sich. CHASSEGUET-SMIRGEL schildert das am Fall ihrer Patientin Anne. Annes Ängste beziehen sich darauf, zu versinken, zu ertrinken, der Analytikerin die Hand auszurenken, wenn sie ihr diese zum Abschied schüttelt, sowie sie auch mit Träumen zu belügen. Die Ängste gehen einher mit beruflichen Schwierigkeiten; sie muß ihre ärztliche Tätigkeit einstellen, weil sie kein Rezept mehr ausstellen kann, da ihr die Medikamente im Kopf durcheinandergeraten. Die Unmöglichkeit, sich gegenüber ihren Liebesobjekten ihre sexuell-erotischen Wünsche zu erfüllen, sich nur reine Liebe zu erlauben, deutet CHASSEGUET als Resultat von Annes Vateridealisierung. Annes Erinnerung an eine Szene ihrer Kindheit zeigt ihre Mutter als herrschsüchtig und kontrollierend: der Vater kommt angetrunken nach Hause und legt sich schlafen; währenddessen nimmt ihm die Mutter die Geldbörse weg und beschimpft ihn später, diese verloren zu haben. Als der Großvater stirbt, nimmt ihm Annes Mutter zuallererst Geld und Zigaretten aus seinen Taschen. Die Erfahrung mit der Mutter erzeugt bei Anne eine kastrative, anal kontrollierende Mutterimago. Alles, was Anne autonom und unabhängig entfalten könnte an sexuellen und geistigen Tätigkeiten, bedeutet für sie, sich mit ihrer kastrativen Mutter zu identifizieren, die ihrerseits den Vater kastriert hat.

Sich von der Herrschaft und Kontrolle der Mutter zu befreien, also die eigenen Tätigkeiten selbst in die Hand zu nehmen, bedeutet für das Mädchen, sich die Position der Mutter anzueignen. Aber diese Autonomie kommt einer Aggression gegenüber dem Vater gleich: indem man autonom ist, eignet man sich etwas an, was eigentlich dem Vater gehört bzw. der Mutter, die den Vater besitzt. Die aggressive Komponente gegenüber dem väterlichen Liebesobjekt bzw. dem späteren Sexualpartner, die 'in den Dienst des Eros gestellt' eine sehr wichtige Bedingung befriedigender sexueller Vereinigung darstellt, muß notwendig einer solchen konfliktuösen Mutteridenti-

fizierung zum Opfer fallen. Mc DOUGALL berichtet aus ihrer
Analysepraxis von sehr vielen Frauen, bei denen dieses Wegfallen
der aggressiven Komponente zu einer Idealisierung des Vaters und
zu einer Identifikation mit dieser idealisierten Imago geführt hat.
"Dieses Gefühl der Identifikation mit der männlichen Welt ging einher mit Mißtrauen und einer geringschätzigen Haltung gegenüber
anderen Frauen ... Sie neigten zu dem Glauben, Männer seien lie-
ber in ihrer Gesellschaft als in der von "femininen" Frauen. Bis
auf wenige Ausnahmen waren diese Frauen alle verheiratet und hatten Kinder ... Ihre sexuellen Beziehungen waren oft von Unlust
begleitet, von Vaginismus und von Erstickungsgefühlen bis zu pani-
scher Angst und Ekelgefühlen ...". (1974, S. 239) Diese konflik-
tuöse anale Situation bringt das Mädchen in die Zwangslage, zwischen zwei Formen der Abhängigkeit zu wählen: entweder sich der
Kontrolle der Mutter zu unterwerfen, weiter ihr anales Anhängsel
und ihre Anziehpuppe zu sein, oder sich dem Vater zu nähern,
ohne ihn als Objekt sexueller Wünsche zulassen zu können. Wenn
die Bemächtigungs- und Eroberungstendenzen durch das mütterliche
Verbot gehemmt sind, besteht nur noch die Möglichkeit, zum Partialobjekt des Vaters bzw. zum 'Hilfspenis' des späteren Partners
zu werden. Sobald das Mädchen nun versucht, selbständig 'sich etwas zu erlauben', später über eigene Aktivitäten und Wünsche sexueller und intellektuell/beruflicher Art frei zu verfügen, muß es
sich mit Ängsten und schweren Störungen selbst bestrafen, um das
'Objekt zu retten'. Der Ursprung der meisten Konflikte von Frauen
auf sexueller und intellektuell/beruflicher Ebene liegt CHASSEGUET
zufolge in der Kastrationserfahrung, die von der Mutter ausgeht,
d.h. nicht nach eigenem Bedürfnis über die analen Aktivitäten und
lustvollen Sensationen verfügen zu dürfen (Schließmuskelaktivität,
'Pipi zurückhalten' usw.). Die Erfahrungen mit der Mutter sind
dadurch gekennzeichnet, daß das Mädchen in zu großem Ausmaß
kontrolliert wird und gezwungen ist, aggressive Komponenten zu

eliminieren. Diese sind dann nur sehr schwer integrierbar und führen zu emotionalen Hemmungen sowohl der sexuellen als auch der intellektuell/beruflichen Selbstverwirklichung.

3.4 Oralität und 'frühe Weiblichkeit'

In diesem Kapitel soll versucht werden, die Genese der Hemmungen der anal-aggressiven Impulse bis in die orale Situation zu verfolgen.

Den Ursprung von Schuldangst und Abhängigkeit siedelt KLEIN in der oralen Beziehung zur Mutter an, die gewissermaßen nachträglich immens an Bedeutung gewinnt. Wie wir weiter oben gesehen haben, führen die oralen Versagungen zu sadistischen Impulsen gegen die Mutterbrust und das Leibesinnere der Mutter (s. Kap. 3.1). Dabei verwandelt sich aber das Begehrte in ein gefährliches Objekt. Es ist im Auge zu behalten, daß es sich um innerpsychische Vorgänge handelt, Phantasien, die das Leibesinnere des Mädchens betreffen. Die Vorstellungen über dieses 'Innen' und dessen Qualität und Gutartigkeit sind schwer überprüfbar: "Die Unmöglichkeit, sich über das Innere des Leibes Gewißheit zu verschaffen, verschärft die (meiner Meinung nach) tiefste Angst des Mädchens, ein beschädigtes oder zerstörtes Leibesinnere und keine oder beschädigte Kinder zu besitzen". (KLEIN, 1932, S. 219) Die Angst resultiert daraus, daß "beim Mädchen der Mutterleib stärker und anhaltender Objekt destruktiver Triebregungen ist", welche "in enger Beziehung zur verborgenen geheimnisvollen Innenwelt des mütterlichen und des eigenen Körpers stehen". (S. 215) Da das Körperinnere nicht überprüfbar ist, wird die Angst nur bewältigbar durch die Erfahrung ausgiebiger Befriedigung. Es gilt aber: "Für die Angstbewältigung der Frau bleibt die Beziehung der Innenwelt, zum Verborgenen und damit auch zum Unbewußten dominierend". (KLEIN,

1932, S. 215)

Die Vorstellungen vom Genitale werden aufgebaut auf Mutterleibs-
phantasien (Schauplatz aller sexuellen Handlungen) und Vorstellungen des elterlichen Koitus, die sehr phantastisch sein können. Das
Genitale und dessen psychische Repräsentanzen stehen somit unter
dem Vorzeichen unüberprüfbarer Ungewißheit und Angst. Die Tatsache, daß gleichzeitig ein phantastisches 'unbewußtes' Wissen
um die Fähigkeit des weiblichen Genitales, den väterlichen Penis
in sich aufzunehmen, existiert, führt KLEIN zufolge zu einer sehr
frühen Verleugnung des 'Unterleibs' und der darauf bezogenen
Wünsche beim Mädchen. Die Vorstellung der eigenen sexuellen
Betätigung bringt die Furcht mit sich, nicht nur vom Penis verletzt zu werden, sondern selbst den Penis zu verletzen und zu
zerstören. KLEIN weist allerdings darauf hin, daß die Wirksamkeit dieser Vorstellungen wesentlich von den konkreten Erfahrungen
des Kindes abhängt, davon, ob der elterliche Koitus als sadistischer
Akt begriffen wird. Das hängt seinerseits vom elterlichen Verhalten
insgesamt ab; wenn diese z.B. wenig harmonisches und in für das
Kind undurchsichtiger Weise aggressives Verhalten an den Tag legen, so ist es verständlich, daß das Kind das sexuelle Geschehen
zwischen ihnen - gleichgültig ob beobachtet oder nur imaginiert -
weitgehend als Fortsetzung von Aggressionen, als sadistischen Akt
auffassen muß, als wenn die Eltern insgesamt weniger aggressiv
miteinander umgehen. KLEIN weist auch darauf hin, daß ein wesentlicher Faktor die Existenz von Geschwistern ist, mit denen
man sich solidarisieren kann. Auch Vater- und Muttersubstitute
können eine angst-reduzierende Wirkung haben, wenn sie die Ge-
generfahrung positiver und befriedigender Situationen vermitteln.
Im Vordergrund stehen bei KLEIN die sexuellen Wünsche in ihrer
Beziehung zur Angstreduktion und weniger als Ausdruck unmittelbar libidinöser Impulse. Auch FENICHEL bringt das in seiner Auf-

fassung zur Geltung, wenn er betont: "Wäre das Kind nicht so hilflos und hätte nicht traumatische Angst erlebt, so hätte es später
gewiß keine Angst vor der Triebbefriedigung". (FENICHEL, 1934,
S. 185)

Nun ist aber KLEIN der Auffassung, daß der Hauptfaktor, der die
Zentrierung auf Körperinnere an erste Stelle rückt, die anatomische
Beschaffenheit des nach innen gerichteten weiblichen Genitales sei,
da dieses besonders intensiv mit der ebenfalls nach innen gerichteten oralen libidinösen Vorstellung verknüpft sei. Das Körperinnere
werde im weiteren Verlauf zum Fixpunkt aller Probleme, weil es
der Realitätsprüfung nicht zugänglich ist. Außer dem Kritikpunkt,
daß diese Konzeption die Funktionseinheit Klitoris-Vagina außer
Acht läßt (wie ich schon unter 2.1.5 ausgeführt habe), sind meines
Erachtens andere Faktoren bedeutsamer für die Fixierung des Mädchens auf Innerlichkeit. Zum einen entsteht das Bedürfnis nach
Realitätsprüfung nicht von selbst und/oder auf Grund destruktiver
Triebregungen, sondern dem geht der Zwang zur Realitätsprüfung
voraus, der entsteht, wenn Versagungserfahrungen nicht durch zärtliche Bezugnahme kompensiert werden. Dann erst tritt die Notwendigkeit ein, festzustellen, ob die Abhängigkeit von der Bedürfnisbefriedigung durch die Mutter nicht gefährlich sein kann, ob die Mutter bzw. deren Substitute auch gutartig sind. Zum andern aber ist
die Zentrierung aufs Körperinnere als hartnäckig festgehaltene mögliche Gefahrenquelle durchaus eine Wirkung der auf dem weiblichen
'Unterleib' ruhenden Tabuisierung, die von der Mutter selbst nicht
durchbrochen wird. Diese Tabuisierung ist psychoanalytisch nicht
im Sinne einer einfachen Ursache-Wirkung-Relation zu erklären.
Es sind gesellschaftliche Notwendigkeiten, die dafür verantwortlich
sind, auf die hier jedoch nicht näher eingegangen werden kann.
Möglicherweise resultiert die Tabuisierung des Unterleibs der Frau
aus der Notwendigkeit, ihr sexuellen Verkehr (der dann den Mutterleib als Schauplatz sexueller Vorgänge bestimmen würde) zu ge-

statten, um Kinder zu zeugen. Dieser Schauplatz muß, weil im
Grunde genommen verboten, mit Ritualisierungen und Tabus belegt werden, um zu gewährleisten, daß sexueller Verkehr auch
nur zum Zweck der Fortpflanzung praktiziert wird. Auf Grund dieser vorgängigen Tabuisierung kann auch die Mutter nur schwer die
Angstbewältigung bezüglich des Körperinneren unterstützen. Man
denke nur etwa an die außerordentlich vielfältigen, zum Teil phan-
tastischen, zum Teil die schmerzhaft-grausam betonenden Geschich-
ten über Geburt usw., die das Kind von Erwachsenen zu hören bekommt, wenn sie nicht ganz verheimlicht werden. Ebenso muß das
Verhalten der Mutter während der Menstruation, die ihr - von der
kulturellen Norm zugebilligt - wenigstens einmal die Gelegenheit
gibt, verstimmt, launisch oder depressiv zu reagieren, für das
Kind undurchsichtig wirken und Angst induzieren. Dazu kommt von
Seiten der Mutter, daß ihre gesamten sexuellen Aktivitäten - bisher -
eingeschränkt waren auf die Gebärfunktion, sie daher gezwungen ist,
innerhalb des Verhältnisses zum Kinderkriegen und Kinderaufziehen
ihre eigenen sexuellen Konflikte zu verarbeiten (s. DEUTSCH, 1948).
Ist das Verhältnis der Mutter zu all diesen Körper- und Sexualfunktionen aber gebrochen und ambivalent, so überträgt sich das auf
Grund der innigen Verbindung zum Kind sehr schnell in dessen Vorstellungswelt. - Die Tabuisierung bringt es dann mit sich, daß das
Kind seine Sexualneugierde den Leib der Mutter betreffend sowie
seinen eigenen Körper mit Tabus belegt: 'die Mutter liebt mich,
weiß alles, kann alles. Sie sagt (oder gibt zu verstehen), "das da
unten" ist nicht gut. Also darf "das da unten" nicht angefaßt werden. Am besten, ich tue so, als gäbe es das nicht'. So etwa kann
man sich das kindliche Denken vorstellen. Erst später, bei Einsetzen der Pubertät, beim Mädchen vor allem beim Einsetzen der
Menstruation, wird diese Angst erneut aktiviert. Es ist m.E. hauptsächlich das Verhältnis von frühkindlicher ambivalenter Besetzung
des Leibesinneren und der späteren Wichtigkeit, die dieses Leibes-

innere bzw. die inneren Körperfunktionen für die Frau gewinnen, die das "Innen" zum Zentrum von Wünschen und Ängsten macht. "If we are going to understand women we ought to explore needs that derive from the female reproductive system, and we must understand that attitudes towards these functions reflect both body demands and cultural attitudes". (BARDWICK, 1971, S. 20) "Actual, ... emphasis on the cosmetic exterior of the body, adolescent girls easily verbalize their concern about their competitive surface appearance but are given little opportunity to verbalize their concern about internal reproductive functions". (S. 50) Die eigentlichen sexuellen Wünsche und Interessen dürfen zwar im 'Sich-Schön-Machen' zum Ausdruck kommen, aber der Ort ihrer Realisierung muß verdrängt bleiben. Dieser Ort, der in der Menstruation nicht übergangen werden kann, ist schmutzig und rein zugleich - schmutzig weil er sich bemerkbar macht, rein, wenn man ihn verdrängt: "women learn in a very general way to despise their femaleness and simultaneously to value it ...". (S. 20) Der Ursprung dieser ambivalenten und angstbesetzten Vorstellungen vom eigenen Körper liegt in der Beziehung der Mutter zu ihrem Körperinnern und in der Ambivalenz gegenüber der Tochter. Innerhalb dieses Verhältnisses wird dem weiblichen Kind nicht gestattet, den Körper der Mutter und seinen eigenen mit libidinöser Neugier zu erforschen und sich im körperlichen Kontakt anzueignen.

Wenn nun in der oralen Objektbeziehung das Kind Liebe und Befriedigung erfährt, wenn während der Stillsituationen die Befriedigung des Körperbedarfs mit zärtlichem Hautkontakt einhergeht, so assoziiert sich die Erfahrung des Genährtwerdens mit der der Liebe und der Entzug der Mutterbrust kommt dem Entzug der Liebe gleich. Die Beziehung der Mutter zum weiblichen Kind ist aber von vorneherein eine ambivalente: das kommt in der oft beobachteten Tatsache zum Ausdruck, daß das Mädchen zwar geliebt, aber der Junge doch mehr gewünscht wird; oder in der Tatsache, daß bei der Geburt nichts so wichtig erscheint wie das, was eigentlich die geringste Bedeutung haben sollte, der Geschlechterunterschied. Die Frage, Mädchen oder Junge rangiert oft an erster Stelle. Auf Grund der Ambivalenz wird auch die Laktation und die Entwöhnung für das weibliche Kind eher mit nicht durch ausgiebige Zärtlichkeit kompensierten Versagungen einhergehen. ODIERs (1932) Beobachtung an einem vierjährigen normalen Mädchen, das alle Küsse, die die Mutter anderen Personen gab, sie von diesen zurückzubekommen verlangte, weil sie ihr 'gehörten', zeigt, wie sehr gerade das weibliche Kind angewiesen ist auf die Liebe der Mutter; so fordert auch das kleine Mädchen das rechtmäßig ihr Gehörende, was ihr - vermeintlich oder wirklich - vorenthalten wurde, zurück.

Die orale Objektbeziehung und die daran geknüpften Introjektionstendenzen stellen eine Stufe der 'frühen Weiblichkeit' dar, insofern sie leicht zur Fixierungsstelle werden und später entstehende Ängste in der Pubertätsentwicklung, wie Menstruation und dergleichen, auf sich ziehen. Das verleiht den psychischen Verarbeitungsweisen des weiblichen Kindes einen introjektiven Charakter - stehen doch seine Wünsche unter dem Vorzeichen einer nicht voll befriedigenden prägenitalen Beziehung zur Mutter. So sind z.B. die Mädchenfreundschaften pubertierender Mädchen, in denen gemeinsame Geheimnisse, Tuscheleien usw. eine große Rolle spielen, durchaus ein Ausdruck des nichtbefriedigten Wunsches nach Gemeinschaft mit dem 'Inneren', 'Verborgenen' der Mutter, den man sich nachträglich erfüllen will. (s. dazu ZULLIGER, 1955) Die Erfahrungen der gesamten prägenitalen Situation drängen desto mehr zum 'Einverleiben', je mehr dem Kind an Zärtlichkeit, die die Befriedigung des Körperbedarfs begleitet, vorenthalten wurde. Damit gewinnt die Beziehung zum väterlichen Penis bzw. dem späteren Sexualpartner jenen introjektiven Charakter, den KLEIN als spezifisch weiblich beschreibt und als frühe ödipale Regung versteht.

JACOBSON (1936) zeigt die Verarbeitung dieser Situation anhand
des Falles von Herta, die als drei- bis fünfjährige zeitweilig in
analytische Behandlung kommt. Hertas schwere Entwöhnung ist von
Eßstörungen begleitet, vor allem Abwehr von Fleisch und Gemüse;
die Reinlichkeitserziehung gelingt erst im dritten Jahr, eine permanente Blasenreizung ist vorhanden; sie reagiert erfreut auf die
Ankündigung eines Geschwisterchens, regrediert aber, als sie sieht,
wie der Säugling von der Mutter gestillt wird. Sie ist erschrocken:
"Es frißt ja der Mutter die Brust weg". Sie will der Mutter das
Kind wegfressen und die Mutter ebenfalls auffressen, damit diese
nicht mehr weggeht. Sie befiehlt der Analytikerin in einer Sitzung,
die Mutter als Hexe und Kind zu malen. Im Anschluß daran klagt
sie über Durst: "Der Vati hat unten einen Zipfel, weil er soviel
zu trinken bekommt", sie äußert den Wunsch, dem Vater das Glied
wegzufressen. JACOBSON zufolge bringt sie ihre Wünsche gegenüber
der Mutter symbolisch zum Ausdruck, wenn sie mit der Analytikerin Füttern spielen will oder aus ihrem Schoß ein- und aussteigen
und ihr in alle Löcher bohren will. In ihrem Verhalten der Analytikerin gegenüber und ihren phantasmatischen Wünschen - Auffressen, Bohren, Füttern - äußert sich so das tiefe Bedürfnis nach
Nähe zur Mutter, danach, von ihr geliebt zu werden und sich den
mütterlichen Körper aneignen zu können (Ein- und Aussteigen).

Ich neige dazu, eigene Beobachtungen ebenfalls auf diesen Sachverhalt zurückzuführen. In meinem gesamten Bekanntenkreis kenne ich
keine einzige Frau, die ein ungestörtes Verhältnis zum Essen, insbesondere zum genußvollen Essen aufwiese, handle es sich hierbei
um 'Figurprobleme', um orale Gier oder anorektische Tendenzen,
oder um somatisch sich niederschlagende Appetitlosigkeit. Der tiefere Grund neben der mehr globalen Annahme, es handle sich um
Sexualabwehr, liegt in der oben beschriebenen Beziehung zur Mutter,
die erklärt, warum die orale Problematik zugleich auch eine Sexualabwehr bedeuten kann. Auch werte ich die in unsystematischen Ge-

sprächen und Beobachtungen gewonnenen Erfahrungen als Beweis
dafür, daß Frauen bevorzugt diese Form wählen, weil ihre Beziehung zur Mutter in der prägenitalen Situation ihnen diese Form der
- natürlich überaus partiellen - Regression abnötigt.

3.5 Weitere kritische Bemerkungen zur Konzeption der präödipalen Situation

Daß die präödipale Beziehung zur Mutter der Knotenpunkt der Problematik der weiblichen Sexualentwicklung darstellt, darin sind
sich fast alle Autoren einig. Wie und in welcher spezifischen Weise dies geschieht, darin unterscheiden sich die Auffassungen erheblich.

FREUDs eigene Aussagen über die Mutter-Tochter-Beziehung sind,
wenn nicht quantitativ, so doch qualitativ die umfassendsten, zugleich auch die widersprüchlichsten, gerade darum sehr fruchtbar.
FREUD orientiert sich im wesentlichen an der Entwicklung des Jungen; da dieser das erste Liebesobjekt, die Mutter, in seiner späteren genitalen Entwicklung exemplarisch beibehalten kann, stehen die
Schlußfolgerungen FREUDs immer in der Gefahr, den postulierten
prägenitalen Bedürfnissen und Sexualzielen im Nachhinein einen genitalen Charakter unterzulegen, damit aber auch einen exquisit
männlichen. Das hat in bezug auf den Knaben seine relative Berechtigung. Die ganze Wirksamkeit des Infantilen beruht ja auf der
nachträglichen Bedeutungsverleihung, mit der das Kind frühe Erlebnisse als Orientierungspunkte in aktuelle Erfahrungen einbaut. Für
das männliche Kind heißt das, daß frühe nichtgenitale Strebungen
in spätere genitale Wünsche am selben Objekt miteinbezogen oder
darin aufgehoben werden können. Beim Mädchen verläuft die Entwicklung komplizierter. FREUD ist der Auffassung, die Mutterbindung des Mädchens sei ausschließlich und prägenital, andererseits

legt er doch den prägenitalen Bedürfnissen des Mädchens an die
Mutter den männlichen Charakter unter: "An die Vorgeschichte an-
knüpfend, will ich hier nur hervorheben, daß die Entfaltung der
Weiblichkeit der Störung durch die Resterscheinungen der männlichen Vorzeit ausgesetzt bleibt. Regressionen zu den Fixierungen
jener präödipalen Phase ereignen sich sehr häufig ...". (Ges.
Werke XV, S. 140) Bezeichnet FREUD unter der Hand die prägenitalen Ziele des Mädchens als männlich, so können diese nicht
in derselben Weise in die Genitalität des Weibes eingegliedert,
sondern müßten abgebrochen werden: es besteht so ein Bruch bei
der Bildung des Genitalprimates gegenüber der Kontinuität beim
Knaben. Nun bedeutet aber die Erreichung der Genitalität nichts
anderes als die Zentralisation partialer Bedürfnisse. Die Tatsache,
daß der spätere Sexualpartner für die Frau nicht in derselben Weise
Mutterfunktionen übernehmen kann, wie sie es ihm gegenüber wahrnehmen soll, erschwert für die Frau auch eine Aufhebung ihrer
prägenitalen Wünsche in der genitalen Beziehung zum Partner. Für
sie wird die Umwandlung oder Transponierung prägenitaler Sexualität eher dadurch erschwert, daß ihre prägenitalen Bedürfnisse an
die Mutter unbefriedigt geblieben sind und nicht so sehr dadurch,
daß sie keine 'ordentliche Sexualüberschätzung' oder eine richtige
Objektliebe auf Grund ihres mangelhaften eigenen Geschlechtszu-
standes zustandebringt. Unbefriedigt war die Beziehung zur Mutter
nicht nur aus dem Grund, weil alle infantilen Bedürfnisse "maß- und ziellos" sind, weil die kindliche Gier unersättlich ist, sondern darüberhinaus
dadurch, daß eine ambivalenzfreie Beziehung schon von Seiten der Mutter beeinträchtigt ist. Wie ich oben zu verdeutlichen suchte, scheint es
so zu sein, daß der Sohn für die Mutter eher noch adäquater Ersatz für
eine Sexualpartnerschaft als das Mädchen; sie wird es dann auch - unbewußt - weniger verwöhnen, es eher zu Verzichtleistungen erziehen
usw. Andererseits könnte es durchaus sein, daß sie versucht, ihre Tochter in Abhängigkeit zu halten, aus dem Grund, von ihr vielleicht einmal
jene mütterliche Liebe zurückzuerhalten, die sie im Verhältnis zum Ehemann

oder Sexualpartner kaum realisieren kann.

Die Klagen des Mädchens, von der Mutter nicht genug gesäugt worden zu sein (Zuwendung), haben über die kindliche Gier hinaus ein Moment realer Berechtigung. So wird CHESSLER zufolge "in dem Maße, in dem alle Frauen als Kinder ungenügend geliebt wurden und indem ihnen als erwachsene Frau Zärtlichkeit seitens der Männer vorenthalten wird" (1974, S. 35) die Frau nach Ersatzbemutterung beim Mann suchen, was als Regression erscheinen kann. Gerade weil sie nichtkompensierten Kontroll- und Verzichtforderungen ausgesetzt war, wird die Frau die Mutterbeziehung schwer überwinden, wird abhängig von den damals unbefriedigten prägenitalen Bedürfnissen. FREUD beschreibt diese Situation adäquat, wenn er behauptet, die Mutterbindung würde nicht überwunden, die Frau würde eine Beziehung zum Manne nie richtig zustandebringen. Ursache der Fixierung sind m.E. aber nicht die von FREUD als Erklärung angegebenen Frustrationen männlicher Wünsche an die Mutter, sondern die Frustration prägenitaler Bedürfnisse. FREUD wird dem selbst gerecht, wenn er von einer "ausschließlichen Bindung an die Mutter unter voller Vernachlässigung des Vaterobjekts" (Ges. Werke XIV, S. 531) spricht.

Im Masturbationsverbot durch die Mutter wirkt sich auch nicht die Unterdrückung männlicher Wünsche aus; die Masturbation des Mädchens bedeutet für die Mutter keine Inzestuöse Gefahr sondern vielmehr ein 'Sich-unabhängig-machen': die Tochter entzieht sich ihrer Kontrolle und wendet sich der Möglichkeit nach rivalisierend gegen sie. FENICHEL (1934) kritisiert die These der Männlichkeitsposition der Tochter gegenüber der Mutter. Er spricht von primitivlibidinösen Wünschen der Tochter, die keineswegs männlich seien, denn die Klitoriserogenität, die oft für diese These als Begründung herhalten muß, habe unmittelbar mit männlicher Sexualäußerung nichts zu tun - in dem Sinne, daß das Mädchen sein eigenes Genital in ein Hohlorgan stecken wolle. Auch warnt er davor, den Phan-

tasiegehalt kindlicher Impulse in erwachsener Sprache auszudrük-
ken. Diese Warnung hat sicher ihre Berechtigung. Man kann die
kindlichen Phantasmen aber als plastisch-konkreten Ausdruck von
Wünschen und Ängsten verstehen, ohne sie verwechseln zu dürfen
damit, was sie im erwachsenen Denken bedeuten.

KLEIN versucht, nicht nur die nachträglich aktualisierten kindlichen Phantasmen zu entschlüsseln, sondern in der Kinderanalyse
die Entstehung derselben zu verfolgen: "Es scheint nicht einleuchtend, daß ein Kind von z.B. 4 Jahren in sich das irreale, phanta-
stische Bild fressender, schneidender, kastrierender Eltern auf-
richten sollte. Es ist aber einleuchtend, daß das z.B. einjährige
Kind die durch das Einsetzen des Ödipuskonfliktes ausgelöste Angst
in Form von Aufgefressenwerden und Zerstörtwerden empfindet".
(1928, S. 66). KLEIN versucht nachzuweisen, daß die frühesten
Beziehungen belastet sind mit Angst, destruktiven Regungen und
daraus resultierenden Schuldgefühlen.

Die Situation, in der vorwiegend die im Mutterleib vermuteten Objekte, Kinder, Kot, der väterliche Penis usw. Gegenstand der psychischen Bilder des Kindes werden, beschreibt KLEIN als Weiblichkeitsphase: "In dieser frühen Entwicklungsperiode bedeutet die
den Stuhl wegnehmende auch eine kastrierende, zerstückelnde Mutter, sie bereitet also nicht nur durch die analen Versagungen den
Kastrationskomplex vor, sie ist im Sinne der psychischen Realität
auch schon die Kastratorin". (1928, S. 69) - Hier ist eine methodische Kritik am Platze. Der Analyse der Entwicklung zum Weibe
geht apriorisch eine Definition von Weiblichkeit voraus: Weibsein
heißt kastriert sein, 'unten nichts zu haben', nur ein 'Loch'. Von
dieser Definition ausgehend wird alles, was mit 'nichts haben',
'wegnehmen' usw. zu tun hat, als Weiblichkeitsphase bezeichnet;
es wird komplementär auch von männlichen Phasen oder Eigenschaften gesprochen, die Frauen besitzen, etwa in der Aussage,

im Verhältnis zum Kinde agiere die Frau ein Stück ihrer Männlichkeit aus. (s. LAMPL-de-GROOT u.a.) Es sind dies aber Qualitäten und Handlungen von Frauen, konkreten Individuen, nicht Akte der Männlichkeit oder der Weiblichkeit schlechthin.

KLEIN zieht aber aus ihren Analysen den ganz entscheidenden Schluß, daß die Dynamik der Entwicklung durch frühe Ödipusregungen bestimmt wird. Das halte ich für problematisch; der Vorgang, nach dem sich die prägenitalen Beziehungen in ödipale umwandeln ist nicht damit geklärt, daß man davon ausgeht, die ödipalen Regungen seien gewissermaßen schon vorhanden, primär. Sie sind in dem Maße vorhanden, wie die Eltern sich dem Kind gegenüber als Vater oder Mutter verhalten. Daraus abzuleiten, das Kind verhalte sich ebenso und manifestiere von Anfang an ödipale bzw. inzestuöse Impulse, wäre kurzschlüssig. Ich würde KLEIN darin zustimmen, daß das Kind eine "Vereinigte-Eltern"-Imago entwickelt; das rechtfertigt aber nicht, die vorherrschenden Sexualziele (orale und anale) unmittelbar als ödipale Regungen zu interpretieren. Aus der Annahme der Existenz einer solchen Imago resultiert eine differenziertere Interpretationsmöglichkeit der weiblichen Entwicklung. Der Beziehung zur Mutter kommt nicht mehr eine Ausschließlichkeit zu, sondern sie wird zum dominierenden Faktor für eine daneben existierende Vaterbeziehung. Auch wird dadurch erklärbar, daß Schuldangst und Abhängigkeit fixierend wirken und daß durch die Abhängigkeit von der Mutter die Entwicklung von Wünschen gegenüber dem Vater bzw. dem späteren Sexualpartner gehemmt werden und sich nur realisieren können, indem die Abhängigkeitsposition dem Vater gegenüber verlängert wird.

Die Beziehung zur Mutter erscheint in den Auffassungen der prä-ödipalen Situation als eine sehr innige, sehr zähe. Diese Intensität verdankt sich aber weniger einer phallischen Qualität der kindlich sexuellen Bedürfnisse. Das Bindemittel sind Kontrolle und 'Abhängigmachen' von Seiten der Mutter, Schuldangst, Haß, Unterwerfung

und Sehnsucht von Seiten der Tochter. Ich möchte vorläufig daraus
den Schluß ziehen, daß FREUD recht hat, wenn er vermutet, daß
die Mutterbindung eine besonders intime Beziehung zu den Entwick-
lungsschwierigkeiten und im pathologischen Bereich zu den neurotischen Konflikten der Frau aufweist. Er hat aber unrecht, wenn er
meint, für die Form und Qualität dieser Beziehung biologische Gründe ins Feld führen zu können. Keineswegs aus sich heraus bringen
die biologischen Voraussetzungen Form und Qualität der Objektbeziehungen hervor: "So tief wir auch mit unserer analytischen Technik bzw. mit unseren Beobachtungen in die Geschichte eines Men-
schenlebens vordringen können, haben wir immer, ohne Ausnahme,
Objektbeziehungen vorgefunden". (BALINT, 1935, S. 56)

Gerade auf die in der familiären Situation vorgefundenen Objektbeziehungen hat sich die Psychoanalyse zu beschränken, will sie deren Entwicklung und Wirkungsweise interpretieren, deren ursäch-
liche Entstehung schlechterdings nicht monokausal begründbar ist.
Dazu BALINT: "... diese primäre Tendenz: mich soll man lieben,
immer, überall auf jede Weise, meinen ganzen Körper, mein gan-
zes Ich, ohne jegliche Kritik, ohne die kleinste Gegenleistung mei-
nerseits, ist das Endziel alles erotischen Strebens". (1935, S. 60)
"Diese primitive egoistische Form der Liebe verfährt nach dem
Grundsatz: was mir gut ist, ist dir recht ... sie nimmt als selbstverständlich an, daß die Wünsche des Partners mit den eigenen
identisch sind ... Der Erwachsene kommt im Orgasmus diesem
Ziel am nächsten". (BALINT, 1937, S. 93) Dieses Ziel zu erreichen scheint aber für die Frau auf Grund ihrer Fixierung an die
Mutter und die prägenitalen Wünsche erheblich erschwert. "Diese
Umwege erzwingt, zum Teil sogar ersinnt die Erziehung ... Wenn
das Kind etwas bekommt, wird es durch die erhaltene Befriedigung
gleichsam modelliert. Die so häufig, so regelmäßig gefundene Ent-
wicklungsreihe der anal-sadistischen, phallischen und schließlich
genitalen Objektbeziehungen wäre also nicht biologisch, sondern

sozial begründet. Wie man sieht, habe ich die orale Beziehung ausgelassen. Absichtlich, denn für diese kann die Gesellschaft, d.h. die Erziehung nicht allein verantwortlich machen". (BALINT, 1935, S. 60)

4. NEUERE ANSÄTZE ZUR INTERPRETATION UND ERFASSUNG ZENTRALER PUNKTE WEIBLICHER SEXUALITÄT

4.1 Das Verhältnis von ödipalen und präödipalen Momenten - Ödipus als Strukturprinzip

Aus den bisherigen Darstellungen und Kritikpunkten möchte ich vorläufig den Schluß ziehen, daß die Grenzen der Psychoanalyse in der Interpretation der Konstituentien weiblicher Sexualität methodisch genau da liegen, wo die Ebene der Strukturanalyse verlassen wird zugunsten des Versuchs einer Kausalanalyse. Diese Annahmen führen zu einem Konzept, das die weibliche Sexualität auf Grund ihres biologischen Funktionsmechanismus als eine darstellt, die unumgänglichen Störungen von geradezu universeller Art ausgesetzt ist. Die biologischen Annahmen dieses Konzepts haben sich als falsch erwiesen. Sie können also nicht Ursachen weiblicher Konflikte sein, welche - allerdings beobachtbar - fast universell auftauchen. Daß prinzipiell die physio-biologische Fähigkeit zur sexuellen Reaktion vorhanden ist, erklärt nicht, warum dennoch die psychosexuelle Entwicklung der Frau strukturell spezifische Störungen aufweist, die trotz der Fähigkeit zur sexuellen Reaktion in enormem Maße wirksam sind. Hier gewinnt die Psychoanalyse als Strukturanalyse an Bedeutung.

Wie wir gesehen haben, ist die weibliche Sexualentwicklung in hohem Maße abhängig von der Struktur und Verlaufsform der Mutterbeziehung. Es hat sich weiterhin gezeigt, daß fast allgemeingültig für die Entwicklung der Konflikt zwischen präödipaler Mutterbindung und ödipaler Vaterbindung ist. Dieser Konflikt ist dadurch gekennzeichnet, daß das Mädchen, um zur genitalen Reife zu gelangen d.h. zu der von der Psychoanalyse postulierten und von der Gesellschaft institutionalisierten heterosexuellen Objektbeziehung, auf die

Mutterbindung verzichten muß; aufs Mutterobjekt ebenso wie auf die
damit verknüpften prägenitalen Befriedigungen. Weil diese Beziehung
aber von vorneherein beeinträchtigt war, wird es dem Mädchen keineswegs leichter sondern eher schwerer fallen, auf die so notwendige
Bedürfnisbefriedigung oral- und anal-orientierter Wünsche zu verzichten; es wird diese Wünsche nicht ganz aufgeben können. Es
handelt sich dabei nicht um frustrierte phallische Inzestwünsche gegenüber der Mutter, sondern um partiale Bedürfnisse. Die Abhängigkeit und Kontrolle von Seiten der Mutter, die weder die Bedürfnisse der Tochter befriedigen kann, noch sie andererseits aus ihrer
Kontrolle entläßt, ist der eigentliche Konfliktherd. Ist die Mutterbeziehung nicht durch genügend vorhandene Zärtlichkeit, Zuwendung
und Kompensation von notwendigen Versagungen gekennzeichnet, so
bedeutet das Verlassen der Mutter einen Verzicht in dem Sinne,
einem Wunsch entsagen zu müssen, der nie erfüllt wurde; es bedeutet auch, vom späteren Sexualpartner das verlangen zu müssen, was
man von der Mutter nicht in genügendem Maße bekam. Die Situation
wird dadurch erschwert, daß das weibliche Kind gegensätzlichen Anforderungen ausgesetzt ist. Einerseits soll es die Mutter und die
Bedürfnisse an sie so schnell wie möglich aufgeben, andererseits
soll es später selbst Mutter werden und zugleich seinem Partner
gegenüber ein Liebesobjekt nach dem Vorbild der Mutter sein; die
erwachsene Frau soll geben, was sie selbst nicht oder nicht in genügendem Maße bekam. Dabei trifft ihre eigene Schwierigkeit auf
eine komplementäre Struktur beim Mann; er ist nicht dazu erzogen
worden, also nicht dazu bereit, auch mütterliche Funktionen gegenüber seiner Partnerin wahrzunehmen, und wird desto mehr unter
solchen an ihn gestellten affektiven Forderungen leiden.

Ins Lager der Männlichkeit geschickt, um dort Liebesobjekte zu
finden, wird die Tochter noch immer stark von der Mutter kontrolliert: "Mütter akzeptieren oder glorifizieren ihre Knechtschaft,
sublimieren ihre Sexualität und ihren Intellekt und bestrafen ihre

(...) Töchter, wenn sie gegen eine solche Rolle rebellieren".
(CHESSLER, 1974, S. 255) Denn "Mütter initiieren ihre Töchter
in die geheiligte Schwesternschaft der Unzufriedenheit nicht nur,
um deren Überleben zu sichern, sondern Mütter sind einsam und
brauchen Zuwendung - die sie weder von ihren Müttern noch ihren
Ehemännern erhalten und die sie sich vielleicht wie Demeter von
ihren Töchtern erhoffen. 'Rebellische' Töchter werden deshalb von
ihren Müttern unnachsichtig behandelt, weil diese in ihnen so etwas
wie abtrünnige Liebhaber und Gefährten sehen. Die gegenseitige Be-
spitzelung der Frauen wurzelt in ihrer Angst vor Machtlosigkeit".
(CHESSLER, 1974, S. 265) Das ist m.E. eine polemische aber sehr
zutreffende Beschreibung der Beziehungsstruktur zwischen Müttern
und Töchtern. Daraus resultiert dann oft jene Form von Nichtauto-
nomie und "Nestfixiertheit", die eine befriedigende Beziehung sowohl
zu Frauen als auch zu Männern verhindern.

Vor allem Psychoanalytikerinnen des französischen Sprachraums,
CHASSEGUET-SMIRGEL (Hrsg.), GRUNBERGER, TOROK, McDOU-
GALL, LUQUET-PARAT (1974), schenken der Mutterbindung im Verhältnis zur Vaterbindung große Aufmerksamkeit als einem Konflikt-
feld, das sich therapeutisch als wichtig herausgestellt hat. CHASSE-
GUET sieht diesen Konflikt vor allem darin, daß das Mädchen versucht, "... der Mutter zu entkommen, daß es mit seinem Bedürfnis, den Vater zu retten, auf Schwierigkeiten stößt und sich schließlich als sein Partialobjekt anbietet, als solches von der Mutter ge-
schützt, vom Vater geliebt und definitiv abhängig wird". (1974,
S.186) TOROK versteht die Konfliktsituation der meisten Frauen als
eine, die sie in die Zwangslage versetzt, sich zwischen zwei Ab-
hängigkeitspositionen zu entscheiden, der Abhängigkeit von der Mutter versus der vom Vater; beide haben eine Hemmung der sexuellen
Entwicklung zur Folge: "Die Überlagerung von Herrschaft und Rivalität in demselben Objekt blockiert die Auswege aus dem analen
Stadium und zwingt das Mädchen, seinen Wünschen zu entsagen. Es

wird zu einem Anhängsel ... der Mutter, später zum 'Phallus'
seines Ehemanns. Allem Anschein nach handelt es sich dabei um
eine universelle Schwierigkeit in der Entwicklung der Frau". (TO-
ROK, 1974, S. 229) Diese Abhänigkeit wird dadurch bestärkt, daß
es dem männlichen Partner mittels des 'Hilfspenis', den seine
Partnerin darstellt, möglich scheint, das eigene Abhängigkeitsver-
hältnis zu Mutter und Vater zu überwinden. Die genannten Autoren
versuchen nicht, einen verursachenden Faktor im biologischen Bereich zu finden, der die Abhängigkeit begründen soll; sie berufen
sich auf die Struktur der in der therapeutischen Praxis zu Tage
tretenden Dreieckssituation, deren Entstehung selbst nicht kausal
zurückverfolgt wird. "Es fällt auf, daß die von mir ausgewählten
klinischen Fälle im Rahmen verschiedener Krankheitsverläufe eine
analoge Familienkonstellation aufweisen: die Mutter ist sadistisch
und kastrierend, der Vater gut und verletzbar. Sicherlich sind
nicht alle Familien nach diesem Schema strukturiert; vor allem
können die beiden Hauptpunkte genau umgekehrt erscheinen, die
Mutter das gute und bedrohte Element und der Vater das sadistische Element repräsentieren. Merkwürdigerweise wird die Person
des Vaters in solchen Fällen zwiespältig und überlagert im weiblichen Unbewußten das Bild der phallischen Mutter. So überspannt
die Familiensituation ... unter neurotischen Bedingungen auch sein
mag, so objektiviert sie gleichwohl das normale unbewußte Modell,
das dem Augenblick des Objektwechsels inhärent ist: das böse Objekt wird auf die Mutter, das gute auf den Vater projiziert. Die
hohe Schädlichkeit dieser Konstellation besteht übrigens gerade darin, daß die Realität keinen korrigierenden Einfluß auf das unbewußte Modell nehmen kann. Die Urszene repräsentiert dann die
Verbindung des bösen , destruktiven Objekts mit dem guten, das
erhalten werden soll; anders gesagt: die schreckliche Mischung der
erotischen und aggressiven Triebe". (CHASSEGUET, 1974, S. 185)

Die von mir genannten Autoren schränken den Anspruch und den

Geltungsbereich der Psychoanalyse ein, sowohl in Bezug auf ihren Gegenstand als auch in Bezug auf die Universalität der Aussagen: sie beziehen sich auf die Form der Objektbeziehungen innerhalb unserer Gesellschaft; die Psychoanalyse gibt ihnen zufolge lediglich eine Erklärung dafür ab, warum durch die Wirkung psychischer Faktoren gesellschaftliche Verhältnisse sich in einer ungleichen Sexualentwicklung von Mann und Frau ausdrücken und reproduzieren: "Vom psychoanalytischen Standpunkt aus kann eine Institution weder entstehen noch überdauern, ohne irgendein zwischenmenschliches Problem zu lösen. Im Prinzip bringt eine institutionelle Lösung den Betroffenen Vorteile im Vergleich mit ihrer früheren Situation. Es ist an uns, die Vorteile, die für Mann und Frau aus der institutionellen Ungleichheit resultieren, zu erklären, zumindest in dem Bereich, der der psychoanalytischen Forschung zugänglich ist: dem affektiven Leben". (TOROK, 1974, S. 228)

Wenn der herrschende Modus vivendi zwischen und innerhalb der Geschlechter beibehalten wird, so hat das seinen Grund in einer Komplementarität der Konflikte. Diese werden zurückgeführt auf die Beziehung zur Mutter: für beide Geschlechter besteht die Notwendigkeit, sich mit der Mutter bzw. ihrer Funktion zu identifizieren, um sich aus der Abhängigkeit von ihr zu lösen; beide müssen versuchen, sich an die Stelle der Mutter zu setzen, um die eigene Bedürfnisbefriedigung autonom in die Hand zu nehmen. Bei beiden Geschlechtern besteht indessen eine Lücke innerhalb der Identifikation, die beim Mädchen zu Unterwerfung und Passivität sowohl der Mutter als auch dem Partner gegenüber führt; beim Jungen dagegen zum Versuch, durch die Unterwerfung des Andersgeschlechtlichen sich diese Autonomie zu verschaffen. Er macht sich jedoch lediglich zum Komplicen einer analen Mutterimago, ohne sich von ihr befreien zu können. "Die Vorteile des Mannes, die er aus dieser, durch die weiblichen Schuldgefühle bedingten Abhän-

gigkeitsposition bezieht, sind auf den ersten Blick leichter zu verstehen ... Die Falschheit, die Ambivalenz und die Verweigerung
von Identifikationen, die zwangsläufig mit einer solchen Beziehung
einhergehen, müßten ihn im gleichen Maße an seiner eigenen vollen
und authentischen Selbstverwirklichung hindern. Gleichwohl, wer
wollte bezweifeln, daß der Man sich ... fast universell zum Komplicen des Abhängigkeitszustandes der Frau macht?" (TOROK, 1974,
S. 230) "Trotzdem wird er mit Hilfe dieses Unterschlupfs seinen
beängstigenden Wunsch, den Platz der Mutter in der analen Urszene
einzunehmen, weiterhin ignorieren. Die neidische und mit Schuldgefühlen beladene Frau ist geradezu bestimmt, ihn bei der Projek-
tion dieses Wunsches zu unterstützen; sie wird den 'femininen Teil'
übernehmen, den der Mann nicht bewältigt hat und den er mit allen
Mitteln kontrollieren und beherrschen muß". (a.a.O., S. 231)

Die Autoren stellen jedoch keineswegs den Ödipuskomplex als Kernkomplex von Konflikten in Frage. Zwar ist die präödipale Mutterbindung - für beide Geschlechter - der Kristallisationspunkt für
Konflikte und bleibt bestimmend für die Art, wie der einsetzende
Ödipuskonflikt aussieht: jedoch ist dieser Mutter-Kind-Beziehung
selbst eine Beziehung zwischen Mutter und Vater vorgelagert, die
jene Dualität vorstrukturiert. Damit wird die Ödipussituation zum
Strukturprinzip erhoben, ausdifferenziert in ein relationales Be-
ziehungsgeflecht von ödipalen und präödipalen Momenten, innerhalb
dessen keine Beziehung isoliert betrachtet werden kann. Diese Konzeption halte ich gerade im Bezug auf die Entwicklung des weiblichen Kindes für relevant und gegenüber den bisherigen Theoremen,
die mit einer gewissen Unzulänglichkeit behaftet sind, für weitreichender. Im Hinblick auf zwei zentrale Punkte der FREUDschen
Auffassung zeigt sie 1.) in Bezug auf den Objektwechsel, daß dies
kein biologischer Vorgang ist, der sich den schwächeren libidinösen Impulsen der Klitoris verdankt. Der Objektwechsel bedeutet

den Versuch, die Abhängigkeit von und zugleich Frustration der prägenitalen Mutterbindung aufzulösen, um Angst- und Schuldgefühlen zu entkommen. Dieser Mechanismus kann zu einer Idealisierung des neuen Objekts, des väterlichen Penis führen und zu Schuldgefühlen, die eine Hemmung aggressiv-libidinöser Impulse nach sich ziehen. 2.) Der Penisneid wird in dieser Konzeption aufgefaßt als Symptom; er erscheint nicht als Ausdruck frustrierten unzulänglichen Männlichkeitsstrebens sondern frustrierten Autonomiestrebens des weiblichen Kindes in Bezug auf seine sexuelle Aktivität und die Kontrolle seiner Bedürfnisbefriedigung. Zugleich ist der Penisneid Ausdruck der Hemmung von Identifikationen mit der Mutter und ihren Funktionen, wobei der Penis als Symbol vollendeter Weiblichkeit ebenso wie als Symbol der mütterlichen Macht verstanden wird. Der Vater bzw. der spätere Sexualpartner können je nachdem als Stellvertreter und Komplice oder als Sieger über die mütterliche Imago erscheinen. In beiden Fällen reproduziert und/oder potenziert sich die Abhängigkeit der Frau im Verhältnis zum späteren Sexualpartner.

Die Konzeption der genannten Autoren stellt m.E. eine Erneuerung der Psychoanalyse insofern dar, als sie sich beschränkt auf den Geltungsbereich der Psychoanalyse: auf die Objektbeziehungen und deren Wirkungsweise. Die Autoren werden damit dem gerecht, was BALINT schon 1935 in die Debatte warf: daß man nicht von einem biologisch angelegten Phasenablauf von Triebregungen ausgehen könne, der die Objektbeziehungen hervorbringe; daß das Kind kein urnarzißtisch-libidinöser "Robinson" sei, sondern daß man davon ausgehen müßte, daß ein primärer Objektbezug zwischen Mutter und Kind vorhanden sei. Das verweist auf die Notwendigkeit, daß sich die Psychoanalyse auf diese Vorfindlichkeit als einzige Voraussetzung und auf die daraus resultierenden Konflikte zu beziehen hat. Die angeführten Autoren versuchen in der Tat das Zustandekommen und die Konflikthaftigkeit der infantilen Objektbeziehungen niemals isoliert im Kinde selbst zu betrachten, sondern im Rahmen einer schon vorstrukturierten Situation, dem Dreiecksverhältnis Vater-Mutter-Kind. So sind die Autoren auch nicht genötigt, Konflikte in eine einfache Ursache-Wirkung-Relation zu zwängen oder durch anatomische Faktoren zu erklären.

Wenn SHERFEY (1974) fordert, die Untersuchungsergebnisse von MASTERS und JOHNSON (1967) und ihre eigenen über die sexuelle Reaktion und deren Funktionsmechanismus in die Psychoanalyse zu integrieren, so ist festzustellen, daß diese Integration explizit bisher bei keiner psychoanalytischen Schulrichtung auftaucht. Ich halte dies in dem Maße für nicht notwendig, in dem die biologischen Voraussetzungen nicht mehr zur kausalen Erklärung von Konflikten herangezogen werden müssen. Implizit gehen diese Untersuchungsergebnisse auch in neuere psychoanalytische Theorien ein, in denen davon ausgegangen wird, daß im Prinzip jedes Individuum sexuelle Genußfähigkeit besitze, daß aber erst innerhalb der Beziehungen zu den elterlichen Liebesobjekten diese Fähigkeit modelliert und/oder deformiert wird. Die biologischen Voraussetzungen sind nicht mehr als solche Gegenstand der Psychoanalyse. Man kann natürlich einwerfen, daß hier Objektbeziehungen durch Objektbeziehungen erklärt werden. Doch braucht das keineswegs tautologisch oder zirkulär zu sein: den von mir genannten Autoren geht es weniger um monokausale Erklärungen als vielmehr um die Deutung und Intepretation von Konflikten, deren Genese individualhistorisch allein in den primär vorhandenen Objektbeziehungen zu suchen ist. Diese weisen von vornherein eine Dreiecksstruktur auf; dabei handelt es sich um eine Modellvorstellung. Wie diese Struktur real-geschichtlich entstanden ist, liegt jenseits monokausaler Erklärungsmöglichkeiten. Die Psychoanalyse ist nicht in der Lage, noch ist das der Anspruch der Autoren, diese Frage, die einer Aufschlüsselung höchst komplexer sozialer und ökonomischer Verkettungen bedarf, zu beantworten [1].

---

[1] Weniger vorsichtig ausgedrückt: sexuelles Erleben und Empfinden der Frau ist einem gesellschaftlichen Unterdrückungsprozeß ausgesetzt -

Ich möchte aus dem bisher Dargelegten den Schluß ziehen, daß die
Psychoanalyse in dem Maße, in dem sich die realen Objektbeziehungen in unseren Familien auf Grund gesellschaftlicher Einflüsse
ändern, ebenfalls zu einer Revision ihrer Konzepte genötigt ist;
daß die strukturale Psychoanalyse, durch die Erfahrung mit den
realen Konflikten ihrer Patienten genötigt, nachzeichnet, wie sich
die Konfliktstruktur innerhalb unseres Kulturkreises verändert. Ana-
lytisch-sozialpsychologisch formuliert: in unseren Familien kommt
der zentrale Konflikt innerhalb der Mutterbindung zum Ausdruck
und zwar in der Form, daß die Mutter jene Autorität, jene Über-
Ich bildende Instanz wird, die früher der Vater innehatte, ohne daß
die Mutter selbst unabhängig und mit realer Macht ausgestattet
wäre. Ihre Autorität ist eine abhängige, nur geliehene, gegründet
auf Passivität gegenüber väterlichen Normen. Dem entspricht die
Abnahme realer Unabhängigkeit und Autonomie der allermeisten
Väter in unserer Gesellschaft; zugleich kann man trotz aller Eman-
zipationsbestrebungen kaum von einem Autonomiezuwachs der Mütter und/oder Frauen sprechen. Die Nivellierung des Unterschiedes
und der Ungleichheit von Mann und Frau zielt auf die Abhängigkeit
beider und geht einher mit der Anonymisierung von Autoritäten. Diese
Umbruchssituation, die sich psychisch in den oben dargestellten Konflikten ausdrückt, ist zunächst nur strukturell, nicht kausal zu erfassen.

3.2. Narzißmus und Weiblichkeit

Bisher stand im Mittelpunkt der Versuch, die Entwicklung der libidinösen Triebstruktur des weiblichen Kindes zu kritisieren und
aufzulösen in die Wirkung der Beziehungskonstellation des Mädchens.
Von einer anderen Seite her ist möglicherweise eine weitergehende
Klärung zu erwarten. Dabei gehe ich von folgenden Überlegungen

---

immer noch, auch wenn sich dieser zu lockern beginnt. Der revoltie-
rende (noch nicht: revolutionäre) Impetus, der in unserer Sexualität
steckt, der sich im Aufbegehren vieler Frauen gegen ihre Rolle manifestiert, muß sich m.E. zentral auf die Dimension der psychosexuellen Identität (d.h. Problematisierung der Geschlechterrolle im eigentlichen Sinn) einlassen und zu politisieren versuchen.

aus: 1.) ein wesentlicher Anteil der Klärung der weiblichen Sexualentwicklung stammt aus der Untersuchung der präödipalen Mutterbindung des Mädchens; 2.) in letzter Zeit hat sich innerhalb der
Psychoanalyse die Untersuchung und Beschäftigung mit dem Problem
des Narzißmus intensiviert, wobei sich die präödipale Phase, die
frühe Mutterbindung als relevant im Hinblick auf die narzißtische
Struktur erwiesen hat; 3.) FREUDs Aussagen über die Weiblichkeit
können auf diese zwei Punkte bezogen werden: er bezeichnet die
Grundstruktur der Weiblichkeit als passive mit dem Ziel, geliebt
zu werden (Triebziel) und vom Objekt her als der 'narzißtischen
Objektwahl' folgend. Wenn es gelingt, diese drei Aspekte in Beziehung zueinander zu setzen, so ist ein besseres Verständnis der
psychosexuellen Entwicklung der Frau zu erwarten.

4.2.1 Die narzißtische Kränkung

Kehren wir zu FREUD zurück. In seinem Aufsatz "Zur Einführung
des Narzißmus" (1914) widmet er sich ohne große methodische Be-
fangenheit dem Studium des Narzißmus, der ihm zufolge indirekt
erschlossen wird, da er direkter Beobachtung nicht zugänglich ist.
Von Interesse sind zunächst seine Schlüsse, die besonders das
weibliche Liebesleben betreffen.

Dem "reinsten Typus" des Weibes schreibt er eine außerordentlich
intime Beziehung zum Narzißmus zu: "Hier scheint mit der Pubertätsentwicklung durch die Ausbildung der bis dahin latenten weiblichen Sexualorgane eine Steigerung des ursprünglichen Narzißmus
aufzutreten, welche der Gestaltung einer ordentlichen, mit Sexualüberschätzung ausgestatteten Objektliebe ungünstig ist. Es stellt sich,
besonders im Falle der Entwicklung zur Schönheit eine Selbstgenüg-
samkeit des Weibes her, welche das Weib für die ihm sozialver-
kümmerte Freiheit der Objektwahl entschädigt. Solche Frauen lieben,

streng genommen nur sich selbst mit ähnlicher Intensität, wie der
Mann sie liebt. Ihr Bedürfnis geht auch nicht dahin, zu lieben,
sondern geliebt zu werden ...". (Ges. Werke X, S. 155) Dabei ist
im Falle der Objektwahl ein Vorherrschen des narzißtischen Typus
zu beobachten. Man liebt nach dem narzißtischen Typus: a) was man
selbst ist (sich selbst), b) was man selbst war, c) was man selbst
sein möchte, d) die Person, die Teil des eigenen Selbst war. FREUD
läßt hier modellhaft Objektliebe und Narzißmus als Antagonisten auf-
treten; narzißtische Libido und Objektlibido stehen nach Art 'kom-
munizierender Röhren' in Verbindung: steigt die Investition von narzißtischer Besetzung, so sinkt die für Objektbesetzungen zur Verfügung stehende und umgekehrt. FREUD setzt voraus, daß die Sexualtriebe zunächst an 'Ichtriebe', an die Befriedigungserlebnisse der
Bedürfnisse, die der Selbsterhaltung dienen, anlehnen und sich später selbständig machen, aber ihre Herkunft in ihren Sexualobjekten,
die nach dem Vorbild der pflegenden Eltern gewählt werden, noch
zum Ausdruck bringen. "Wir sagen, der Mensch habe zwei ursprüngliche Sexualobjekte: sich selbst und das pflegende Weib, und setzen
dabei den primären Narzißmus jedes Menschen voraus ...". (Ges.
Werke X, S. 154) Dabei geht FREUD davon aus, daß ein konstanter
Libidobetrag zur Verfügung steht, der sich verteilt aufs Ich und auf
die Objekte, wobei das Ich verarmt, wenn alle Libido aufs Objekt
verströmt und umgekehrt. Erinnern wir uns an die obige Aussage,
daß die Steigerung des ursprünglichen Narzißmus der Frau einer
'ordentlichen' Objektliebe abträglich sei. Das braucht beim Mann
nicht der Fall zu sein, denn die narzißtische Libido kann aufs Objekt übertragen werden: "Die volle Objektliebe nach dem Anlehnungs-
typus ist eigentlich für den Mann charakteristisch. Sie zeigt die auffällige Sexualüberschätzung, welche wohl dem ursprünglichen Narzißmus des Kindes entstammt und somit einer Übertragung desselben auf das Sexualobjekt entspricht". (Ges. Werke X, S. 154) Derselbe kindliche Narzißmus wirkt sich bei der Frau anders aus. Daß

ihre Übertragung des kindlichen Narzißmus nicht zur vollen Objektliebe führt, steht zu vermuten. Objektliebe und Narzißmus brauchen
nicht notwendig als Antagonismen aufzutreten. Bei der Frau jedoch
scheint das der Fall zu sein. Das Verhältnis von Objektliebe und
Narzißmus ist aber nicht rein ökonomisch zu betrachten, da es zu
unterschiedlichen Auswirkungen bei Mann und Frau kommt. Bei beiden ist die Objektliebe geprägt durch den ursprünglichen Narzißmus,
Unterschiede sind also schon in dieser frühen Phase angesiedelt.
Als bedeutsamster Ausdruck der Geschlechterdifferenz in Bezug auf
den kindlichen Narzißmus imponiert bei FREUD der Kastrationskomplex: auf Grund der Kastrationsdrohung zieht der Knabe die Libido vom mütterlichen Liebesobjekt zurück und besetzt sein Glied
narzißtisch - der Narzißmus siegt also über die Objektliebe, und
der Rückzug der Libido aufs eigene Genitale ist Voraussetzung für
die Bildung des Ich-Ideals und des Über-Ich.

Der entsprechende Vorgang beim Mädchen sieht anders aus. Wir haben bei FREUD gesehen, daß der Kastrationskomplex des Mädchens
nicht in der Angst vor der Kastration (Penisangst) sondern in der
Erfahrung des Kastriertseins und seiner Folge - Penisneid - bestehen soll. Reagiert der Knabe mit einer narzißtischen Besetzung,
so das Mädchen mit einer narzißtischen Kränkung. Es kann gar
nichts besetzen, da es 'gar nichts' - keinen Penis - hat. Eine narzißtische Besetzung oder ein kindlicher Narzißmus ist aber auch
beim Mädchen strukturell vorhanden, sonst könnte keine Kränkung
stattfinden. Die erfolgende Reaktion besteht also darin, die Kränkung, die eine Verarmung des Ichs bedeutet, dadurch zu kompensie-
ren, daß das Mädchen sich lieben läßt. Denn das Gebliebtwerden
bedeutet für das Ich eine Zufuhr an Libido, die die Verarmung aus-
gleicht.Das Mädchen besetzt aber nicht ihr Genitale, sondern es
kompensiert, indem es die Liebe anderer Objekte besetzt, die ihr
Libido zuführen. Es taucht die Objektliebe nicht wie der Knabe aus
in narzißtische Besetzung des Genitale, sondern in Passivität, in

den Wunsch, geliebt zu werden. Das aber war FREUD zufolge die
Bedingung der Entwicklung zur Weiblichkeit, denn sie eröffnet den
Weg zur Umwandlung des Penisneides in den Wunsch nach dem Kind
vom Vater, welchem die Frau dann vom Narzißmus her als Teil
ihres eigenen Selbst die volle Objektliebe schenken kann. Diese Passivität hat eine besondere Nähe zum Narzißmus: "... sich selbst
lieben, was für uns die Charakteristik des Narzißmus ist. Je nachdem nun das Objekt oder das Subjekt gegen ein fremdes vertauscht
wird, ergibt sich die aktive Zielstrebung des Liebens oder die passive des Geliebtwerdens, von denen letztere dem Narzißmus nahe
verbleibt". (Ges. Werke X, S. 226)

Aus der quantitativ-ökonomischen Betrachtung ergibt sich ein Widerspruch: gerade weil der Knabe sein Glied narzißtisch besetzt, ist
er zur vollen Objektliebe fähig; der Narzißmus der Frau aber scheint
sie unfähig zur vollen Objektliebe zu machen. Sie muß Libido in großem Maße auf sich ziehen, wird dabei abhängig von den Objekten und
darum zur Objektliebe weniger fähig. Beim Mann führt die narzißtische Besetzung zur Objektliebe, bei der Frau wird die Liebe zum
Objekt zur Bereicherung des libidoverarmten Ich benutzt.

Es handelt sich bei Mann und Frau offensichtlich um qualitativ unterschiedliche Narzißmen. Innerhalb der FREUDschen Narzißmus-
konzeption bleibt aber dabei unklar, ob es sich um Unterschiede in
der Verteilung der sexuellen Libido oder um das Verhältnis sexueller und narzißtischer Libido handelt. Letztere unterscheidet sich
gemäß dem dualistischen Libidokonzept von der Sexuallibido; sexuelle Libido wird den Objekten angehängt, narzißtische aber dem Ich.
(Ges. Werke X, S. 143)

Das Verhältnis von narzißtischer und sexueller Libido erscheint bei
der Frau so, daß mit einer Steigerung des Narzißmus in der Pubertät auch ein großer Teil sexueller Libido absorbiert wird. HAR-
NIK (1923) zufolge verlagert sich die narzißtische Libido der Frau

auf ihren ganzen Körper und dessen Schönheit. Der männlichen Genitalzentriertheit entspricht die weibliche Körperschönheit. Was beim Mann aber das Regelrechte ist, kommt bei der Frau einer Regression gleich: zur Stützung dieser These berichtet HARNIK von einer Patientin, die wegen sexueller Anästhesie die Analyse aufsucht. Die Patientin hat die Gewohnheit, auf dem Badewannenrand vor einem Spiegel sitzend zu onanieren. "Diese Frau hatte also zwar den typischen weiblichen Narzißmus entwickelt, aber auch die Tendenz behalten, im regressiven Wege zum männlich gerichteten, nach dem Genitale hinzentrierten Narzißmus der Kindheit zurückzugelangen". (1923, S. 282) Die narzißtische Besetzung des ganzen Körpers mit Ausnahme des "häßlichen" Genitale entspricht jedoch einem gesellschaftlich vorgeformten Ichideal. Das Ichideal ist nach FREUD der Nachkomme eines ursprünglichen Narzißmus, den er 'dunkel' nennt. "Diesem Idealich gilt nur die Selbstliebe, welche in der Kindheit das wirkliche Ich genoß". (Ges. Werke X, S. 161) An derselben Stelle sagt FREUD zugleich, daß dieses Ichideal ein von außen aufgenötigtes sei. "Schön sein um geliebt zu werden" heißt die Devise für die Frau, denn sie soll ja nicht lieben, sondern sich lieben lassen, um ein Kind zu empfangen und zu gebären, gemäß dem herrschenden weiblichen Ideal. Doch die Wirkungsweise des Ichideals muß auf seine Entstehungsgeschichte hin untersucht werden.

Beim Mädchen handele es sich um gekränkten Narzißmus, sagten wir. Wenden wir uns dem Muster eines gekränkten, gebrochenen Narzißmus zu, so scheint dieser im Gegensatz zum sogenannten gesunden männlichen Narzißmus tatsächlich die Möglichkeit der Objektliebe einzuschränken. Gerade die Fähigkeit aber, sich selbst zu lieben, postuliert FREUD andererseits als notwendige Bedingung für die Objektliebe: "Die Liebe stammt aus der Fähigkeit des Ich, einen Anteil seiner Triebregungen autoerotisch ... zu befriedigen. Sie ist ursprünglich narzißtisch und übergeht dann auf die Objekte, die dem

erweiterten Ich einverleibt worden sind ... Sie verknüpft sich innig
mit der Betätigung der späteren Sexualtriebe und fällt, wenn deren
Synthese vollzogen ist, mit dem Ganzen der Sexualstrebung zusammen". (Ges. Werke X, S. 231) Man könnte schlußfolgern, bei der
Frau bzw. dem weiblichen Kind sei die Übertragung des Narzißmus
aufs Objekt nicht geglückt, die Synthese zwischen Narzißmus und
Sexualstrebung nicht gelungen.

Zwar dreht sich - nicht nur im Volksmund - das gesamte Interesse
der Frau um die Liebe, die Herzensangelegenheit der Frau, um
Heirat, Familie, Heim und Kinder. Das kommt für sie einer Aus-
weitung ihres Ich gleich und trägt den "Stempel der Einmaligkeit".
(GRUNBERGER, 1974a) Dennoch bringt es für sie, zumal wenn dieses gesellschaftliche Rollenschema mehr und mehr aufgelöst wird,
keine genügende Befriedigung: entweder scheint ihre Triebbefriedigung darunter zu leiden (Frigidität, Orgasmusstörungen), oder es
treten affektive Störungen (Partner/Ehekonflikte, emotionale Arbeitshemmungen) auf. GRUNDBERGER meint, daß die Frau "trotz ihrer
ausgeprägten sexuellen Bedürfnisse und auf Kosten derselben, bis-
weilen daran festhält, sich in erster Linie narzißtische Befriedigung zu verschaffen. Sie gibt sich zum Beispiel einem Mann hin,
um geliebt zu werden ...". (1974a, S. 100) Die Frau führt ihr
zufolge "eine zusätzliche Dimension, den Narzißmus in ihr Sexualleben" ein. (1974a, S. 113)

Im Gegensatz zum Mann, der eher die Triebabfuhr selbst besetzt,
ist die Frau nach GRUNBERGER genötigt, ihren schlecht integrier-
ten unbefriedigten Narzißmus ständig in ihr Liebesleben einzubrin-
gen. Diese mangelnde Integration resultiert aus der Beziehung zum
allerersten Objekt, der Mutter. Dem Mädchen fehlte es an narzißtischer Bestätigung; jene narzißtische Kränkung im Kontext der Kastrationserfahrung hätte nie so weitreichende Folgen, wenn sie nicht
auf frühen Versagungserfahrungen und mangelnder Kompensation be-

ruhte: "Das Kind macht eine langwierige psychomotorische Entwicklung durch, in deren Verlauf es die Partialtriebe integriert. Voraussetzung für eine harmonische "Triebreifung" ist die narzißtische Besetzung der Partialtriebe. Diese narzißtische Besetzung (das Kind muß seine Triebregungen als seine eigenen erkennen und lieben) vollzieht sich durch die Mutter, die ihr Kind und dessen Lebensäußerungen liebt". (1974a, S. 102) Die Mutter aber verhält sich dem Mädchen gegenüber ambivalent (s. Kapitel 3.1), da das Mädchen für sie - es handelt sich dabei um eine Reproduktion ihrer Beziehung zu ihrer eigenen Mutter - und sie für das Mädchen nicht im selben Maße adäquater Ersatz eines Sexualobjekts ist wie der Knabe (s. Kapitel 2.2.4).

Die Aufgabe, allen Triebregungen des Kindes gegenüber zärtliche Aufmerksamkeit und narzißtische Bestätigung zukommen zu lassen, übernimmt die Mutter "zwar formal, erfüllt sie aber oft ohne Liebe. Durch den Versuch, das, woran die Mutter es fehlen läßt, selbst auszugleichen, wird die narzißtische Besetzung, die das Mädchen sich selbst zu geben versucht, ihrem Wesen nach narzißtisch. In Wirklichkeit fehlt diesem Versuch die feste Basis, die die mütterliche Liebe hätte herstellen müssen". (GRUNBERGER, 1974a, S. 103) Wenn wir im Auge behalten, daß es sich dabei um prägenitale Befriedigungserlebnisse und Triebregungen handelt, so drängt sich die Schlußfolgerung auf, daß es nicht nur zu einer Abhängigkeit von dieser Stufe der Objektbeziehung kommt (Abhängigkeit von der Mutter und der späteren Substitute), sondern auch zu einer ambivalenten Besetzung dieser Triebregungen von Seiten des Mädchens, als Wirkung der ambivalenten Haltung der Mutter, die die analen und oralen Aktivitäten des Mädchens nicht genügend bestätigt. GRUNBERGER spricht sogar von einer Verachtung der prägenitalen Komponenten der Sexualität von Seiten des Mädchens. Daraus läßt sich eine stärkere Neigung zur Idealisierung und Dichotomisierung (Abspaltung der prägenitalen Komponenten) in ihrer Liebesbeziehung zu ihrem späteren Partner ableiten. Das erschwert es der Frau, sich innerhalb einer Beziehung zum Partner eine sinnliche, auf Triebabfuhr gerichtete, sexuelle Befriedigung zu gestatten, denn dazu wäre die positive Aufhebung der prägenitalen Triebregungen nötig. Die genitale Sexualität der Frau wird aber zur Kompensation einer unbefriedigt gebliebenen Prägenitalität. "Liebe ... bedeutet für sie primär eine narzißtische Aufwertung" (GRUNBERGER, 1974a, S.117), die sie in der Beziehung zur Mutter entbehren mußte.

GRUNBERGER spricht in diesem Kontext vom weiblichen Narzißmus als einer Instanz, die neben anderen Instanzen wie Ich, Es und Über-Ich eine wichtige Rolle im Leben der Frau spiele. Es bleibt aber unklar, wie das Kräftespiel narzißtischer und triebhafter Komponenten zu einer Desintegration oder Synthese einer sogenannten narzißtischen Instanz führen soll. Es scheint deshalb notwendig, zunächst einige Überlegungen über den Narzißmus als Triebkonzept und als Bezeichnung unterschiedlicher psychischer Reaktionen anzustellen.

4.2.2 Triebleben und Selbstrepräsentanz

Die Ausführungen FREUDs zum Narzißmuskonzept sind höchst widersprüchlich. Im Gefolge FREUDs haben sich vor allem HARTMANN (1950, 1964), JACOBSON (1937, 1974), KOHUT (1967, 1969, 1971, 1973) u.a. um eine begriffliche und praktische Klärung dieses Problems bemüht. Alle Autoren weisen darauf hin, daß das Studium des Narzißmus noch keineswegs systematisierbar, vereinheitlicht und verfügbar sei. Allgemeine Übereinstimmung herrscht wohl lediglich darin, daß das Narzißmuskonzept "erstens ... zu den wichtigsten Erkenntnissen der Psychoanalyse gehört; zweitens, daß dieses Konzept sehr verwirrend ist". (PULVER, 1972, S. 34) Unklarheit resultiert im wesentlichen daraus, daß der Begriff Narzißmus auf

mindestens zwei verschiedenen Abstraktionsstufen benutzt wird,
einmal um Phänomene im Bereich des psychischen Erlebens zu bezeichnen, zum andern als Triebkonzept zur Erfassung ökonomischer
und dynamischer Probleme.

Mit der Einführung des Begriffs Selbst und Selbstrepräsentanz
(HARTMANN, 1950) im Unterschied zum Ich als Instanz scheint
mehr Klarheit in die Auffassung des Narzißmus (libidinöse Besetzung des Selbst) gekommen zu sein. Im Anschluß an HARTMANN
versuchten JACOBSON (1974) und KOHUT (1966, 1971) eine Neube-
stimmung. Insgesamt möchte ich die beiden letztgenannten Ansätze
als einen Versuch charakterisieren, den Narzißmus als psychische
Bildung und seine Entstehung im Hinblick auf die Triebobjekte zu
erfassen und 'narzißtische Strukturen' als innerpsychisches Feld
im Bezug aufs gesamte Selbst (Selbstwelt) in Beziehung zu setzen
zur innerpsychischen Objektwelt. Beide Autoren nähern sich m.E.
auch dem Postulat von JOFFE & SANDLER (1967), daß die Trieb-
lehre durch eine Metapsychologie der Affekte zu ergänzen sei, da
die Affekte nicht die einfache Widerspiegelung der Triebschicksale
seien. - Ich werde kurz auf die angeführten Autoren eingehen, um
sie im weiteren in Beziehung zum sogenannten weiblichen Narzißmus zu setzen.

Wenden wir uns zunächst dem Entwicklungsaspekt der "narzißtischen
Struktur" zu. JACOBSON (1974) beschreibt das von FREUD als pri-
mär-narzißtischen Urzustand gefaßte Stadium des Säuglings, in der
noch nicht zwischen Autoerotismus und Objektlibido unterschieden werden kann als 'psychosomatische Matrix des frühesten psychophysiolo-
gischen Selbst' mit noch undifferenzierter Triebenergie. Vom Objekt
her und vom eigenen Körper erhält der Säugling Stimuli, nimmt
diese aber nicht als von ihm getrennte, sondern nur die lustvollen
oder unlustvollen Sensationen wahr. "Offensichtlich sind diese Phänomene nichts weiter als genetische Vorläufer der emotionalen Vor-

gänge und Denkprozesse ... Tatsächlich äußert sich das kindliche Gefühls- und Phantasieleben in den ersten infantilen Entwicklungsstadien noch vorwiegend 'psychophysiologisch' in Gestalt der sogenannten 'affektiven Organsprache' ...". (JACOBSON, 1974, S. 22) Diese Vorgänge führen zur Bildung von Selbst- und Objektimagines, wobei die "Kerne der frühkindlichen Selbstimagines ... die Erinnerungsspuren lustvoller und unlustvoller Empfindungen" (1974, S. 31) sind. "Anfänglich ist unser Bild vom eigenen Selbst, genau wie das primitive Bild vom Objekt, keine festgefügte Einheit". (1974, S. 31) Zunächst tendieren Selbst- und Objektrepräsentanzen zur Verschmelzung, wobei vor allem die lustvollen Sensationen mit dem Selbst, die unlustvollen mit dem 'draußen' identifiziert werden. (vgl. FREUDs purifiziertes Lustich). Unter dem Einfluß des Wechsels von Befriedigung und Versagung kommt es zum Wunsch nach Wiederherstellung der Einheit und Verschmelzung mit dem befriedigenden Objekt: das Kind muß aufgrund seiner "Abhängigkeit von der Mutter hinsichtlich der Befriedigung seiner meisten Triebbedürfnisse und hinsichtlich der Ausbildung seiner Ichfunktionen immer noch die vollständige Trennung der mütterlichen und der Selbstimagines verhindern ... Deshalb ist im allgemeinen die mütterliche (und die väterliche) Imago noch auf Jahre hinaus nur eine Erweiterung der kindlichen Selbstimago und vice versa". (JACOBSON, 1974, S. 52)

In diesem Zusammenhang kommt es zu Introjektionen von Anteilen der Objektimago in die Selbstimago und umgekehrt, da die Grenzen zwischen Selbst und Objekt im frühen Stadium noch nicht scharf gezogen sind. JACOBSON vermutet "ob die Entstehung von Objektimagines nicht eine Kompromißlösung zwischen den ambivalenten Tendenzen des kleinen Kindes, das gute Liebesobjekt zu einem Teil des Selbst zu machen und das schlechte Objekt daraus zu eliminieren, darstellen könnte. Insofern als die Objektimagines intrapsychische Bildungen sind, sind sie sicherlich Teile der inneren Welt, d.h.

des Selbst geworden. Doch indem sie als Objekte von der Selbstimago unterschieden werden, werden sie von ihr abgetrennt und
von ihr gesondert gehalten". (1974, S. 59)

Eine wichtige Rolle beim Aufbau der narzißtischen Struktur, die
die Notwendigkeit der Verschmelzung sowie die der Reversibilität
dieses Vorgangs beinhaltet, spielen unter anderem die Identifizierungen der Eltern mit dem Kind: "Aus Erinnerung an die eigene
infantile Vergangenheit geboren, beschränken sie sich lediglich auf
vorübergehende ... Identifizierungen in Phantasie und Gefühl, die
... sich in Grenzen halten müssen". (1974, S. 68) Es kommt zu
Störungen in der Ausbildung der Selbststrukturen in Fällen, "in denen die Eltern ihre eigenen Bedürfnisse ... opfern bis zur Selbst-
auslöschung ... in Situationen, wo die Eltern das Kind entweder
überfürsorglich behandeln, es beherrschen oder passiv abhängig halten oder wo sie mit ihm wie mit einer bloßen Erweiterung ihres
eigenen Selbst umgehen" (1974, S. 69). Wir haben aber gesehen
s. Kap. 3), daß solche Verhaltensweisen im Verhältnis der Mutter zur
Tochter vorherrschen. Es ist also zu vermuten, daß die Entwicklung der narzißtischen Strukturen beim Mädchen empfindlich gestört
wird.

Die frühen Selbst- und Objektimagines sind notwendige Voraussetzungen für die Bildung von Objektbeziehungen. Durch selektive Identifizierungen (d.h. mit Zügen des Objekts) können konstante Objekt-
und Selbstimagines entwickelt werden, die die Objekte als ganze,
manchmal 'gute', manchmal 'versagende' zu rezipieren erlauben
und sichere emotionale Beziehungen gewährleisten. Auf dieser Basis
kann Ambivalenz ausgehalten werden, ohne daß durch Dichotomisierung (Introjektion der 'bösen' Anteile des Objekts in die Selbstimago
und umgekehrt) oder Abspaltung die Ambivalenz zerstörerisch auf
die Objekt- oder Selbstkonstanz wirkte. Ist das nicht der Fall, kann
es zu einer 'Fragmentierung' des Selbst kommen. Erst auf der Ba-

sis der Konstanz von Selbst- und Objektimago sind vorübergehende
Verschmelzungen im Dienste ich- und triebgerechter Befriedigung
möglich. Sie führen dazu, daß die Triebabfuhr mit einer lustbe-
setzten Vorstellung zu einer positiven Affektqualität im subjektiven
Erleben verknüpft wird. Sind Selbst- und Objektkonstanz nicht gewährleistet, d.h. kommt es zu Abspaltungen von Repräsentanzantei-
len und zu archaischen Verschmelzungen, so kann die positive Affektqualität bei der Triebabfuhr gefährdet sein und es kann zu negativen Empfindungen kommen, d.h. die Triebabfuhr kann als Bedrohung erfahren werden.

KOHUT (1966, 1967, 1971) untersucht weniger den Entwicklungs- als
vielmehr den strukturellen Aspekt des Selbst bzw. der Selbstrepräsentanzen. Er spricht von 'narzißtischer Konfiguration', die aus
dem primären Wunschzustand entsteht, alle Befriedigung an sich selbst
selbst zu erhalten, alle Objekte zum eigenen Selbst machen zu wollen. KOHUT geht davon aus, daß jener Zustand "durch die unver-
meidlichen Mängel mütterlicher Fürsorge gestört wird, daß das
Kind aber versucht, dieses ursprüngliche Erlebnis der Vollkommenheit zu bewahren, indem es sie einerseits einer grandiosen und exhibitionistischen Imago des Selbst und andererseits einem bewunder-
ten Du: dem idealisierten Elternbild zuweist". (1967, S. 321) Dieses
"Größenselbst" und die "idealisierte Elternimago" (1971) sind Inhalte,
Strukturen innerhalb der Psyche, die mit narzißtischer Energie besetzt und dauerhaft sind, Selbstrepräsentanzen, die - häufig widersprüchlich - im Ich, Es und Über-Ich wirksam sind. Das 'Größenselbst' ist Abkömmling der archaischen Ich-Welt-Einheit des Kindes,
die 'idealisierte' Eltern-Imago verkörpert die elterliche Allmacht,
mit der das Kind einst identisch war, ist also ein Selbstobjekt, d.
h. die Kontrolle über dieses entspricht der Kontrolle übers eigene
Selbst. Diese Strukturen sind notwendige Intermediärstadien, die
langsam umgeformt werden, aber zunächst diejenigen innerpsychischen Funktionen übernehmen, die das Kind noch nicht ausgebildet

hat und sich erst im Lauf der Zeit erwirbt. Die Relevanz und die
Bedeutung dieser Strukturen, wird sichtbar im pathologischen Fall.
Die Repräsentanzen führen "zum Erwerb bleibender psychologischer
Strukturen, die innerpsychisch die Funktionen übernehmen, die vorher vom idealisierten Objekt erfüllt wurden. Wenn aber die Beziehung des Kindes zum idealisierten Objekt traumatisch gestört wird,
d.h. wenn es eine (intensive und plötzliche oder nicht phasenge-
rechte) Enttäuschung erleidet, dann erwirbt das Kind die erforder-
liche Struktur nicht, sondern seine Psyche bleibt an ein archaisches
Objektbild fixiert und seine Persönlichkeit wird später ... von gewissen Objekten abhängig bleiben ... Die Abhängigkeit von ihnen
erklärt sich aus der Tatsache, daß in ihnen ein Ersatz für fehlende Segmente der psychischen Struktur gesucht wird. Sie werden
nicht um ihrer Eigenschaften willen geliebt ..., sie werden vielmehr benötigt, um die Funktionen eines Segments des seelischen
Apparates zu übernehmen, das sich in der Kindheit nicht ausbilden
konnte". (KOHUT, 1967, S. 324)

Erworben wird die innerpsychische Funktion einer ausreichend be-
setzbaren Selbstrepräsentanz durch eine befriedigende Beziehung der
Eltern zu den narzißtischen Bedürfnissen des Kindes. Indem diese
das Kind mit ausreichender Bestätigung seiner Grandiosität und Vor-
züglichkeit versorgen (mirroring), langsam die Bedingungen erhöhen,
bevor sie Beifall spenden und Frustrationen ausreichend kompensie-
ren, wird das Kind in die Lage versetzt, sich selbst das zu geben,
was es früher von den Eltern abhängig machte (substitutive mirroring). Fehlt das sogenannte 'mirroring', so kommt es zu Störungen
in der Übernahme dieser psychischen Funktion, zur Abhängigkeit von
den Objekten (externalisiertes Ich-Ideal, das an reale Objekte geknüpft ist, die mit archaischen Vorstellungen besetzt werden) und
zu negativen Affekten: Die narzißtische Triebkomponente, der Exhibitionismus, drängt zur Abfuhr; wird dieser Abfuhr kein mirroring zuteil - d.h. bestätigt die Mutter das sich zur Schau stellende

und gelobt werden wollende Kind zu wenig - so kommt es zu negativen Empfindungen, die Abfuhr wird unlustbesetzt.

Hier kann ein Beispiel aus der Therapie erläuternd wirken. KOHUT berichtet von einer Patientin, die wegen diffuser Unzufriedenheit in die Analyse kommt (ein bei Frauen im Übrigen häufig auftauchendes Gefühl): "Ich erfasste jedoch allmählich, daß sie sofort ruhig und zufrieden wurde, wenn ich ... einfach zusammenfasste oder wiederholte, was sie im Wesentlichen bereits gesagt hatte ... Ging ich aber nur einen einzigen Schritt darüber hinaus ..., ärgerte sie sich wieder heftig und beschuldigte mich wütend ..., mit meiner Bemerkung alles zerstört zu haben ... Während dieser Phase der Analyse hatte die Patientin bereits begonnen, ein archaisches, intensiv libidinös besetztes Bild ihres Selbst zu remobilisieren, das bis dahin verdrängt war. Zugleich mit der Wiederbelebung dieses grandiosen Selbst, an das sie fixiert geblieben war, erhob sich das neuerliche Verlangen nach einem archaischen Objekt, das nicht mehr sein sollte, als die Verkörperung einer psychologischen Funktion, die die Psyche der Patientin noch nicht selbst ausführen konnte: Einfühlend auf ihren Exhibitionismus zu reagieren und sie durch Anerkennung, Spiegelung und Wiederhall mit narzißtischer Nahrung zu versorgen. Die Patientin versuchte so, mit meiner bestätigenden, wiederspiegelnden Gegenwart ein überbesetztes archaisches Selbst in ihre sonstige Persönlichkeit zu integrieren". (1967, S. 343-344)

Dies sollte in groben Zügen einige grundlegende und zusätzliche Aspekte des Narzißmuskonzepts skizzieren, die - unvollständig - dennoch Anlaß geben zu einigen Neuinterpretationen im Hinblick auf die Klärung des Problems weiblicher Entwicklung. Sicherlich kann es im weiteren nur um vorläufige hypothetische Formulierungen gehen, die der klinischen Erfahrung und theoretischer Aufarbeitung in weitem Ausmaß bedürfen.

4.2.3 Weiblichkeit und Selbstrepräsentanz

Wenn wir oben gesehen haben, daß der zentrale Konflikt weiblicher
Sexualentwicklung in der Mutter-Tochter-Beziehung besteht, in dieser Beziehung aber die narzißtischen Strukturen ausgebildet werden,
so ist zu vermuten, daß diese Strukturen der Frau im Verlaufe ihrer Entwicklung spezifischen Störungen ausgesetzt sind, die von
weitreichender Bedeutung für die Ausgestaltung des weiblichen Trieblebens sind. Der narzißtische Objektwahltypus, der nach FREUD
den reinsten Typus des weiblichen Liebeslebens darstellt, kann eine
konsequente Verarbeitung der mangelnden narzißtischen Bestätigung
innerhalb der präödipalen Situation sein. Läßt es die Mutter gegenüber der Tochter an mirroring fehlen, so wird diese früh dazu gezwungen, sich selbst diese Bestätigung zu geben. Gleichzeitig ist
sie daran gehindert, sich insgesamt unabhängig von der Mutter zu
machen, weil die Basis einer ausreichenden Zuwendung vorher ge-
fehlt hat. Das wirkt sich auf die Ausbildung der Selbstrepräsentanz
aus: der Wunsch und die Tendenz zur Verschmelzung von Selbst-
und Objektimagines wird stark bleiben, d.h. die Tochter wird ge-
neigt sein, die Mutter-Kind-Symbiose wieder herzustellen, daß ihr
alleine schwaches Selbst in dieser Einheit aufgeht. Denn diese hat
ihr nicht die befriedigende Erfahrung gebracht, die es ihr ermöglicht hätte, sich wirklich von ihr zu lösen (siehe Kap. 4.2.2). Ich
erinnere daran, daß sich das Moment der Kontrolle von Seiten der
Mutter zudem als stark übergewichtig herausgestellt hat (siehe Kap.
3.3.). Anders ausgedrückt: wenn die Selbstimagines Erinnerungsspuren lust- und unlustvoller Körpersensationen sind und wenn in
der präödipalen Mutter-Tochter-Beziehung die Unlustsensationen
von Bedeutung waren bzw. überwogen, dann wird die Neigung zur
Verschmelzung für das Mädchen notwendiger, um die unlustvollen
Sensationen auszugleichen und das Selbst mit lustvollen zu berei-
chern.

Im Rahmen dieser Verschmelzungstendenz versucht das Mädchen,
die Bewunderung der Objekte in die Selbstimagines einzuverleiben,
um das narzißtische 'lag' früherer Erfahrungen auszugleichen. Das
drückt sich aus im übersteigerten Verlangen vieler Frauen, anerkannt und/oder bewundert und akzeptiert, geliebt zu werden. Alle
Aktivitäten werden oft ausschließlich oder zusätzlich auf dieses
Ziel gerichtet, bewundert zu werden, was oft begleitet ist von
einem Minderwertigkeitsgefühl.

Aus KOHUTs Konzeption (1966) folgt weiterhin, daß das Kind die
mütterliche Betreuung erfährt, wie der Erwachsene später seine
eigene Betreuung. Das spätere Übernehmen psychischer Funktionen
der Selbstliebe u.a. wird am Beispiel der Erfahrung mütterlicher
Verhaltensweisen gebildet. Diese hatten für das Mädchen einen kon-
trollierenden und ambivalenten Charakter: so wird es früh darauf
trainiert, sich diese Betreuung selbst zu geben, möglicherweise
so früh, daß die Übernahme einer solchen Funktion in eigene Re-
gie fragil bleibt oder einer ständigen Übersetzung bedarf, da ein
Nachholbedarf besteht. Früh wird dem Mädchen das Puppenspiel
nahegelegt: es soll an der Puppe, Stellvertreter seiner eigenen Person, das tun, was Aufgabe der Mutter ihm gegenüber war und ist.
Möglicherweise zu früh wird das Mädchen einer Selbständigkeitsfor-
derung in Bezug auf emotionale Zuwendung unterzogen, die den
Grund dafür abgeben kann, daß sie im späteren Leben oft das Gefühl hat, etwas nachholen zu müssen, ein Gefühl, das bei Frauen
häufig auftaucht. Das drückt sich im sich-unverstanden-fühlen aus,
im wissen-wollen ob man wirklich geliebt und anerkannt ist usw.
Zugleich ist aber die Selbständigkeit des Mädchens in Bezug auf die
Kontrolle über die eigenen Körperfunktionen unterbunden; was die
analen und urethralen Gelüste betrifft, wird das kleine Mädchen von
der Mutter stark kontrolliert: es besteht ein Ungleichgewicht zwischen Kontrolle und zärtlicher Betreuung. Behalten wir im Auge,
daß die Mutter in den Augen des Kindes die Macht über Sphinkter-

und Urathralfunktionen besitzt und vom Mädchen Sauberkeit und
Sittsamkeit (Gehorsam und pünktliche Stuhlentleerung usw.) fordert,
wie es der gesellschaftlichen Norm entspricht. Diese Allmacht über
den Körper des Kindes, die Omnipotenz des mütterlichen (und väterlichen) Liebesobjektes bilden nun die 'idealisierte Elternimago', die
ein 'Selbstobjekt' (KOHUT, 1971) ist und deren Funktion später als
Ichideal vom Kind übernommen wird (Betreuung und Bestätigung).
Daraus ergibt sich, daß die Übernahme dieser Funktion beim weiblichen Kind dadurch gestört werden kann, daß ihm zu wenig Gelegenheit gegeben worden ist, seine analen Funktionen nach eigenem Bedürfnis lustvoll zu betätigen (Kotschmieren, 'Pipi zurückhalten'
usw.). Das führt dazu, daß das spätere Ichideal externalisiert bleibt,
eine archaische Selbstrepräsentanz erhalten wird, die zur Abhängigkeit von äußeren Objekten führt.

REICH (1973) schildert Fälle mit zwei typischen Strukturen, die
ein solches externalisiertes Ichideal und der Versuch, die Einheit
mit dem Objekt wieder herzustellen, auszeichnen.

1) Der 'Hörigkeitstyp', der sich minderwertig und ohnmächtig vor-
kommt und absolut abhängig ist von der Anwesenheit eines konstan-
ten Partners, der zugleich über Gebühr idealisiert wird. Der Partner soll das an Funktionen übernehmen, was das eigene Ichideal
zur Aufgabe hätte (siehe das Therapiebeispiel aus Kap. 4.2.2).
Solche Frauen zeigen eine Abhängigkeit vom Partner, die sie einst
der Mutter gegenüber innehatten.

2) Der sogenannte 'Als-ob'-Typ (nach DEUTSCH, 1935) zeichnet
sich durch den Versuch aus, durch ständigen Wechsel des Partners
und eine jeweilige Totalidentifikation mit demselben sich die Größe
und Allmacht zu sichern, deren Funktion mangelhaft in die eigene
Selbstrepräsentanz integriert wurde. Das Ichideal trägt formalen
Charakter - wichtig ist nur der Status der Macht, den Frauen diesen Typs sich nur aneignen können, wenn ihr Ichideal verschmilzt

mit dem als mächtig betrachteten Objekt: "Sag mir nur Bescheid, wie Du mich willst, ich bin bereit" (!) singt Lena Valaitis (Musik aus Studio B, ARD 23.12.1974). Ständig enttäuscht vom jeweiligen Partner, der die Forderungen, die an ihn gerichtet werden, nicht erfüllen kann, sind solche Frauen gezwungen, sich immer wieder neue Liebesobjekte zu suchen. (REICH, 1973, S. 928-948)

Das Kind staunt und bewundert die Eltern, aber es will selbst bestaunt und bewundert werden. Wenn ihm keine Gelegenheit gegeben wird, sich die Macht der Mutter (und des Vaters) über seine psychischen und körperlichen Funktionen anzueignen - und man kann vermuten, daß dem Mädchen aufgrund der an es gestellten Forderungen nach Sittsamkeit und Tugend zuwenig Gelegenheit gegeben worden ist - dann wird es dazu neigen, sich diese Macht zu holen, indem es mit 'mächtigen Objekten' verschmelzen will, d.h. real abhängig bleibt.

GRUNBERGER (1974b) weist nachdrücklich darauf hin, daß dieses formale Ichideal seine Entstehung und Wirksamkeit der analen Dressursituation verdankt: wie wir oben gesehen haben (siehe Kap. 3.3), ist das Mädchen strukturell einer strengen Dressur unterworfen. Mädchen dürfen die analen Komponenten nicht ausleben, sondern werden zu 'Ästhetisierungen' gezwungen. Die Wirksamkeit der Dressur beruht nach GRUNBERGER (1974b, S. 510) vor allem darauf, daß es sich um physiologische Konditionierungen handelt. Das Kind, dessen psychophysiologisches Selbst noch verhältnismäßig schwach ist, empfängt physische Trieb- und Außenreize, die mit verbalen oder averbalen (Lächeln, Streicheln usw.) Elementen symbolischen Gehaltes assoziiert werden: besonders deutlich ist das beim Wechsel der Ernährungsweise von Brust- zu Breinahrung - "Ein Löffelchen für Mama, ein Löffelchen für Papa ...". Die Anhäufung von Spannung im noch schwachen Ich kann in diesem Kontext zu einer Unterwerfung unter das mütterliche Gebot, dem ersten Entwurf eines Über-

Ich führen. Innerhalb der analen Dressursituation (Kot = Pfui usw.)
kommt es zur passiven analen Haltung; es wird Gehorsam schlechthin gefordert, d.h. pünktlich zu entleeren, nichts zurückzuhalten.
Das führt beim Mädchen zur Ausbildung eines 'formalen' Über-
Ichs und zur Tendenz, an der Allmacht des mütterlichen Liebesobjekts per Imitation zu partizipieren, d.h. sich Züge des Objekts
lediglich zu assimilieren. (GRUNBERGER, 1974b, S. 510-520)

Die ersten Phasen der Differenzierung zwischen Selbst und Objekt
beziehen sich auf das körperliche Selbst und die Möglichkeit, lust-
und unlustvolle Sensationen als die des eigenen Körpers zu erfahren und auch lieben zu lernen. Die starke Tendenz zur Ausblendung
der anal-urethralen Sensationen aus der Erfahrung des Mädchens,
die Ästhetisierung und Tabuisierung kann zur Deformierung des
Körperselbst als einer Basis der Selbstrepräsentanz führen. Aktiviert wird die Tabuisierung zu Beginn der Menstruation - diese ist
schmutzig-sinnlich und verursacht, da das mütterliche Über-Ich
Reinheit fordert, Pein und/oder Ekel. Das Ausleben der analen Komponenten wird auf diese Weise nicht in die Selbstrepräsentanz integriert, sondern negativ besetzt oder verleugnet. Bekräftigt wird dieser Mechanismus zusätzlich durch entsprechend ambivalente Verhaltensweisen der männlichen Partner, für die z.B. die Menstruation
ebenfalls etwas nicht salonfähiges ist.

Die Deformation des Körperselbst (negative Affektbesetzung von
Triebregungen) verlängert und verstärkt sich in der Phase genitaler Masturbation. Aus der ambivalenten Einstellung zur Tochter
kann resultieren, daß die Mutter die Genitalregion des Mädchens
früher und in größerem Ausmaß tabuiert, ihm weniger Aufmerksamkeit zollt, eher dazu neigt, über den 'Unterleib' des Mädchens hin-
wegzusehen und seinen exhibitionistischen Verhaltensweisen weniger
mit Bestätigung (mirroring) als vielmehr mit Mißfallenskundgebungen
entgegentritt, exhibitionistische Zurschaustellung von Sauberkeit und

Sittsamkeit aber entsprechend hofiert. Das weibliche Kind wird sich infolgedessen in jedem Fall tendenziell schwerer tun, die genitale Sphäre positiv ins Körperselbst zu integrieren. Im späteren Triebleben kann sich das als Abwehrhaltung bemerkbar machen und/oder in der Tendenz zur 'Vergeistigung' des Eros, der Hochstilisierung zur 'reinen' Liebe (siehe dazu CHASSEGUET, 1974, S. 141).

Die Konfliktualisierung des Trieblebens und der Sexualität liegt also bei der Frau nicht nur auf der Ebene ödipaler Verdrängungsnotwendigkeiten, Schuldgefühlen und Kastrationsängsten, sondern ist tiefer angesiedelt in der mangelhaften Integration der Genitalimago ins Körperselbstbild. Zu großen Teilen sind diese Konfliktualisierungen durch mangelnde positive Affektbesetzung des eigenen Körperselbst bzw. -repräsentanz, d.h. durch narzißtische Ängste verursacht.

Dies sind natürlich alles sehr ungesicherte Schlußfolgerungen. Ich bin jedoch der Auffassung, daß das Weiterverfolgen solcher Annahmen eher zum Verständnis weiblicher Konflikte und weiblicher Entwicklung heute beiträgt, als bisherige Erklärungsversuche, die sich einer schwächeren Libidoausstattung der Frau und ähnlichem als Konfliktfaktor bedienten. Inwieweit die von mir skizzierten Thesen zutreffen, kann erst weitere klinische Erfahrung erweisen.

Allgemein ist aber nach GRUNBERGER (1974b) festzustellen, daß in der Analysepraxis mehr und mehr eine Aufarbeitung der präödipalen Situation der Patienten erforderlich erscheint, der Situation also, die sich im bisher Dargestellten als entscheidend für die weibliche Entwicklung, insbesondere den Aufbau der 'narzißtischen Struktur' erwiesen haben. Es ist zu vermuten, daß dieser Sachverhalt eine Wirkung der Veränderung der gesellschaftlichen und familiären Situation ist. Denn mit dem Aufkommen einer gelockerten Sexualmoral und mit dem - häufig zitierten - Zerfall der bürgerlichen Familienstruktur ist zwar formal die Möglichkeit zu einer freizügigen Sexualpraxis gegeben, auch und gerade für die Frau in unserer Gesellschaft. Diese Möglichkeit kann sie aber insofern nicht wahrnehmen, als sie in ihrer Erziehung Normen vermittelt bekam, die sie nicht vorbereitet haben auf die positive Besetzung sexueller Wünsche und adäquater Befriedigung. Infolgedessen kommen Störungen im emotionalen Erleben zum Vorschein, die als affektive Reaktionen auf diese Umbruchsituation zu verstehen sind.

LITERATURVERZEICHNIS

ABRAHAM, K.   Äußerungsformen des weiblichen Kastrationskomplexes. in: Internationale Zeitschrift für Psychoanalyse, $\underline{7}$, 1921

ALBUS, A.   Neue psychoanalytische Theorien der weiblichen Sexualität. in: Maskulin - Feminin, München 1972, S. 169 - 202

BALINT, A.   Liebe zur Mutter und Mutterliebe, 1939. in: BALINT, Urformen der Liebe und die Technik der Psychoanalyse, Fischer Verlag Frankfurt, 1969, S. 103 - 119

BALINT, M.   Zur Kritik der Lehre von der prägenitalen Libidoorganisation, 1935. in: BALINT, Die Urformen der Liebe und die Technik der Psychoanalyse, Frankfurt 1969, S. 47 - 68

BALINT, M.   Frühe Entwicklungsstadien des Ich. Primäre Objektliebe, 1937, in: Die Urformen ..., Frankfurt 1969, S. 83 - 102

BARDWICK, J.   Psychology of women, New York 1971

BEAUVOIR de, S.   Das andere Geschlecht. Sitte und Sexus der Frau. Rowohlt, Hamburg 1968

BONAPARTE, M.   Passivität, Masochismus und Weiblichkeit. in: Internationale Zeitschrift für Psychoanalyse, $\underline{21}$, 1934, S. 24 - 29

CHASSEGUET-SMIRGEL, J.   Die weiblichen Schuldgefühle. in: CHASSEGUET-SMIRGEL (Hrsg.), Psychoanalyse der weiblichen Sexualität, Frankfurt, 1974, S. 134 - 191

CHESSLER, P.   Die Frau - das verrückte Geschlecht. Verlag Neue Presse Wien, 1974

DALY, C.   Der Kern des Ödipuskomplexes. in: Internationale Zeitschrift f. Psychoanalyse, $\underline{21}$, 1935, S. 165-188 und 389 - 418

DEUTSCH, H.   Psychologie des Weibes in den Funktionen der Fortpflanzung. in: Internationale Zeitschr. f. Psychoanalyse, $\underline{11}$, 1925, S. 40 - 53

DEUTSCH, H.   Der feminine Masochismus und seine Beziehung zur Frigidität. in: Internationale Zeitschr. f. Psychoanalyse, $\underline{16}$, 1930 S. 172 - 184

DEUTSCH, H. Über einen Typus der Pseudoaffektivität. in:
Internationale Zeitschr. f. Psychoanalyse, 21,
1935, S. 323 - 335

DEUTSCH, H. Psychologie der Frau. 2 Bde., Bern 1948

FENICHEL, O. Zur prägenitalen Vorgeschichte des Ödipuskomplexes. in: Internationale Zeitschr. f. Psychoanalyse, 16, 1930, S. 319 - 342

FENICHEL, O. Weiteres zur präödipalen Phase des Mädchens.
in: Internationale Zeitschr. f. Psychoanalyse,
20, 1934, S. 151 - 190

FREUD, S. Aus den Anfängen der Psychoanalyse. Briefe an
Wilhelm Fließ 1887-1902. Fischer Verlag, Frank-
furt 1962
Die folgenden Schriften FREUDs werden zitiert
nach der Ges. Werke-Ausgabe, Fischer Verlag
Frankfurt, 1973^5

FREUD, S. Drei Abhandlungen zur Sexualtheorie. Ges. Werke
VII
Über infantile Sexualtheorien. Ges. Werke VII
Zur Einführung des Narzißmus. Ges. Werke X
Triebe und Triebschicksale. Ges. Werke X
Über Triebumsetzung insbesondere der Analero-
tik. Ges. Werke X
Die infantile Genitalorganisation. Ges. Werke XIII
Das ökonomische Problem des Masochismus. Ges.
Werke XIII
Der Untergang des Ödipuskomplexes. Ges. Werke
XIII
Einige psychische Folgen des anatomischen Ge-
schlechtsunterschiedes. Ges. Werke XIV
Über die weibliche Sexualität. Ges. Werke XIV
Hemmung, Symptom und Angst. Ges. Werke XIV
Neue Folge der Vorlesungen. Ges. Werke XV

FUCHS, E. Sozialgeschichte der Frau. 1928. Verlag Neue
Kritik, Frankfurt 1973

GIESE, H. & SCHMIDT, G. Studentensexualität. Rowohlt, Hamburg
1968

GRUNBERGER, B. Beitrag zur Untersuchung des Narzißmus in der
weiblichen Sexualität. 1974a. in: CHASSEGUET-
SMIRGEL (Hrsg.), Psychoanalyse der weiblichen
Sexualität, Frankfurt 1974, S. 97 - 119

GRUNBERGER, B. Gedanken zum frühen Über-ich. 1974b. in:
Psyche 28, 1974, S. 508 - 529

HARTMANN, H.   Bemerkungen zur psychoanalytischen Theorie des Ichs. in: Psyche 18, 1964, S. 330 - 353

HARTMANN, H.   Die Entwicklung des Ich-Begriffs bei Freud. in: Psyche 18, 1964, S. 420 - 444

HANACK, B.   Sexuelle Reaktionsstörungen bei Frauen. Marburg 1973, Psychologisches Institut

HANN-KENDE, F.   Über Klitorisonanie und Penisneid. in: Internationale Zeitschr. f. Psychoanalyse, 19, 1933, S. 416 - 427

HARNIK, J.   Schicksale des Narzißmus bei Mann und Weib. in: Internationale Zeitschr. f. Psychoanalyse, 9, 1923, S. 278 - 296

HARNIK, J.   Die ökonomische Beziehung zwischen Schuldgefühl und weiblichem Narzißmus. in: Internationale Zeitschr. f. Psychoanalyse, 14, 1928, S. 175 - 179

HORNEY, K.   Zur Genese des weiblichen Kastrationskomplexes. in: Internationale Zeitschr. f. Psychoanalyse,. 9, 1923, S. 12 - 26

HORNEY, K.   Die Flucht aus der Weiblichkeit. in: Internationale Zeitschr. f. Psychoanalyse, 12, 1926, S. 360 - 374

HORNEY, K.   Die Angst vor der Frau. in: Internationale Zeitschr. f. Psychoanalyse, 18, 1932, S. 4 - 18

HORNEY, K.   Die Verleugnung der Vagina. in: Internationale Zeitschr. f. Psychoanalyse, 19, 1933, S. 372 - 384

JACOBSON, E.   Ein Beitrag zur Entwicklung des weiblichen Kindwunsches. in: Internationale Zeitschr. f. Psychoanalyse, 22, 1936, S. 371 - 379

JACOBSON, E.   Das Selbst und die Welt der Objekte. 1964. Dt. Überarbeitung, Frankfurt, 1974.

JOFFE, H. & SANDLER, J.   Über einige begriffliche Probleme im Zusammenhang mit dem Studium narzißtischer Störungen. in: Psyche 21, 1967, S. 152 - 165

JONES, E.   Die erste Entwicklung der weiblichen Sexualität. in: Internationale Zeitschr. f. Psychoanalyse, 14, 1928, S. 11 - 25

JONES, E.   Die phallische Phase. in: Internationale Zeitschr. f. Psychoanalyse, 19, 1933, S. 322 - 357

KINSEY, A., POMEROY, W.B. MARTIN, C.E & GEBHARD, P.
Das sexuelle Verhalten der Frau. Berlin u.
Frankfurt, 1954

KLEIN, M.   Frühstadien des Ödipuskonfliktes. in: Internationale Zeitschr. f. Psychoanalyse, 14, 1928, S.
65 - 77

KLEIN, M.   Die Psychoanalyse des Kindes. Wien 1932

KOHUT, H.   Formen und Umformungen des Narzißmus. in:
Psyche 20, 1966, S. 561 - 587

KOHUT, H.   Die psychoanalytische Behandlung narzißtischer
Persönlichkeitsstörungen. in: Psyche 23, 1969,
S. 321 - 347

KOHUT, H.   Narzißmus. Frankfurt 1971

KUIPER, P.C. Betrachtungen über die psychoanalytische Technik
bei der Behandlung neurotischer Patientinnen.
in: Psyche 15, 1961, S. 651 - 668

LAMPL-de-GROOT, J. Zu den Problemen der Weiblichkeit. in:
Internationale Zeitschr. f. Psychoanalyse, 19,
1933

LAMPL-de-GROOT, J. Über die Behandlungstechnik bei neurotischen Patientinnen. in: Psyche 15, 1961, S. 681 -
683

LUQUET-PARAT, J. Der Objektwechsel. in: CHASSEGUET-SMIR-
GEL (Hrsg.), Psychoanalyse der weiblichen Sexualität, Frankfurt 1974, S. 120 - 133

MASTERS, W. & JOHNSON, V. Die sexuelle Reaktion. Frankfurt
1967

McDOUGALL, J. Über die weibliche Homosexualität. in: CHASSE-
GUET-SMIRGEL, Psychoanalyse der weiblichen
Sexualität, Frankfurt 1974, S. 233 - 292

MÜLLER, J.   Ein Beitrag zur Frage der Libidoentwicklung des
Mädchens in der genitalen Phase. in: Internationale Zeitschr. f. Psychoanalyse, 17, 1931, S.
257 - 262

MÜLLER-BRAUNSCHWEIG, C. Die erste Objektbesetzung des Mädchens in ihrer Bedeutung für den Penisneid. in:
Internationale Zeitschr. f. Psychoanalyse, 22,
1936, S. 137 - 176

ODIER, I. Ch. Die Mutterbindung des Weibes. in: Internationale
Zeitschr. f. Psychoanalyse, 18, 1932, S. 429 -
449

PAYNE, S. M. Zur Auffassung der Weiblichkeit. in: Internationale Zeitschr. f. Psychoanalyse, 22, 1936, S. 19 - 38

PULVER, S. Narzißmus - Begriff und metapsychologische Konzeption. in: Psyche 26, 1972, S. 34 - 57

REICH, A. Narzißtische Objektwahl bei Frauen. in: Psyche 27, 1973, S. 928 - 948

RIVIERE, J. Weiblichkeit als Maske. in: Almanach der Psychoanalyse, 20, 1930, S. 285 - 296

ROTTER, L. Zur Psychologie der weiblichen Sexualität. in: Internationale Zeitschr. f. Psychoanalyse, 20, 1934, S. 367 - 374

SHERFEY, M.J. Die Potenz der Frau. Köln 1974

SCHÖN, H. Symptome psychisch gestörter Studenten. Marburg 1972, Psychologisches Institut

SCHRADER-KLEBERT, K. Die kulturelle Revolution der Frau. in: Kursbuch 17, vollst. Nachdruck Amsterdam 1972, S. 1 - 46

STAEWEN-HAAS, R. Identifizierung und weibliche Kastrationsangst. in: Psyche 24, 1970, S. 23 - 39

TOROK, M. Die Bedeutung des "Penisneides" bei der Frau. in: CHASSEGUET-SMIRGEL (Hrsg.), Psychoanalyse der weiblichen Sexualität, Frankfurt 1974, S. 192 - 232

WITTELS, F. Mona Lisa und die weibliche Schönheit. in: Imago 20, 1934

ZULLIGER, H. Das Geheimnis pubertierender Mädchen. in: Psyche 9, 1955, S. 498 - 512

In der Reihe ARGUMENTATIONEN sind bisher erschienen:

1 **Wolfgang Grebe**, Erziehung zur Solidarität. Grundlagen und Möglichkeiten politischer Emanzipation. Kinderbuchanalyse, 176 S., DM 7,50

2 **Fritz Halbach**, Kapitalismus ohne Krisen? Zur bürgerlichen Kritik des ‚Gesetzes vom tendenziellen Fall der Profitrate', 112 S., DM 4,50

3 **Sebastian Franck**, Zur Kritik der politischen Moral. Ein Beitrag zur Konzeption einer neuen sozialistischen Bewegung. Kritik des politischen Verhaltens. 114 S., DM 4,–

4 **Janina Markiewicz-Lagneau**, Schule und Hochschule im Sozialismus. Die Idee der Gesellschaft der Gleichen und soziale Schichtenbildung 192 S., DM 10,–

5 **Götz Eisenberg/Wolfgang Thiel**, Fluchtversuche. Über Genesis, Verlauf und schlechte Aufhebung der antiautoritären Bewegung. 176 S., DM 10,–

6 **Peter Körner/Matthias Meyn** (Hrsg.), Geschichtswissenschaft in Studium und Schulpraxis. Frankfurter Organisation Sozialistischer Historiker (FROSH) 592 S., DM 15,–

7 **Henry Jacoby**, Beiträge zur Soziologie der sozialistischen Idee, 140 S., DM 9,–

8 **Heinrich Brinkmann**, Sinnlichkeit und Abstraktion. Prolegomena zu einer materialistischen Empirie. Eine Diskussion zwischen Peter Brückner, Hans-Jürgen Krahl u.a. Mit einem Nachwort von Manfred Lauermann, 256 S., DM 12,–

9 **Friedrich Nemec/Wolf Siegert/Wilhelm Solms**, Pluralismus der Alternativen oder Alternative zum Pluralismus? Bernhard Vogels Eröffnungsrede ‚Deutschunterricht, ein Politikum? ' und der Germanistentag 1973 in Trier, 112 S. DM 6,–

10 **Lothar Quanz**, Der Sportler als Idol. Sportberichterstattung: Inhaltsanalyse und Ideologiekritik am Beispiel der ‚Bild'-Zeitung. Mit einem Vorwort von Herbert Haag. 182 S., DM 9,–

11 **Wolfgang Jantzen (Hrsg.)**, Theorie und Praxis der Behindertenpädagogik, 208 S., DM 10,–

12 **Wolfgang Jantzen**, Sozialisation und Behinderung. Studien zu sozialwissenschaftlichen Grundfragen der Behindertenpädagogik. 216 S., DM 12,–

13 **Heinrich Brinkmann**, Methode und Geschichte, Die Analyse der Entfremdung in Georg Simmels ‚Philosophie des Geldes' 192 S., DM 10,–

15 **Hermann Haarmann**, Theater und Geschichte, Zur Theorie des Theaters als gesellschaftlicher Praxis. 184 S., DM 12,–

16 **Dietmar Goralczyk**, Weltmarkt, Weltwährungssystem und westeuropäische Integration. Studien zur Integration und Desintegration kapitalistischer Weltwirtschaft. 352 S., DM 20,–

17 **Jörg Schilling**, Portugals afrikanische Kolonien im Freiheitskampf. Hintergrundmaterial. Analyse. Unterrichtsplanung. 200 S., DM 10,–

18 **Bernd Knoll**, China – Revolution plus Produktion. Entwicklung und gegenwärtiger Stand des ökonomischen Systems der Volksrepublik. 144 S., DM 9,–

19 **Götz Eisenberg**, Marxismus und Arbeiterbewegung, Versuch über das Verhältnis von revolutionärer Theorie und Erfahrung. 176 S., DM 9,–

21 **Elisabeth Gugel**, Sexualität und Individualität der Frau. Zur Kritik der psychoanalytischen Auffassung von der weiblichen Sexualentwicklung 168 S. DM 8,–

22 **Heinrich Brinkmann**, Die Ware. Zu Fragen der Logik und Methode im ‚Kapital'. Eine Einführung 200 S., DM 14,–

23 **Jochen Link/Krimhilde Marx**, Das Problem der Systemtheorie. Der Ansatz von Niklas Luhmann und seine politischen Folgen. 128 S., DM 9,–

24 **Georg Christoph Tholen**, Technischer Fortschritt als Gewalt und Ideologie. 136 S., DM 9,–

25 **Jochen Link**, Die Sensibilität der Theorie. Thesen gegen die Entpolitisierung der politischen Theorie. 176 S., DM 10,–

26 **Claus-Ivar Bolbrinker**, Klassenanalyse als Organisationsfrage. Eine politische Kritik der Stamokap-Theorie, 168 S. DM 12,–

27 **Thomas Kleinspehn**, Der verdrängte Alltag. Henri Lefebvres marxistische Kritik des Alltagslebens. ca. 140 S., DM 9,–

In Vorbereitung:

20 **Bernd W. Barzik**, Markt und Preis im Sozialismus. Das Beispiel Ungarn (Arbeitstitel), ca. 120 S., ca. DM 10,–

28 **Klaus Ottomeyer**, Soziales Verhalten un Ökonomie im Kapitalismus. Vorüberlegungen zur systematischen Vermittlung von Interaktionstheorie und Kritik der politischen Ökonomie. 3. korrigierte und erweiterte Auflage 144 S., DM 10,–

30 **Gerold Scholz u.a.**, Schulversuch als Gesellschaftskritik – Exempel in Gerlingen (Arbeitstitel) ca. 200 S. ca. DM 12,–

31 **Nando Belardi/Christel Zuschlag**, Politisches Bewußtsein im Lohnkonflikt. Ansätze politischer Arbeiterbildung (Arbeitstitel) ca. 250 S. ca. DM 14,–

24 Georg Christoph Tholen, Technischer Fortschritt als Gewalt und Ideologie. Zur Kritik systemtheoretischer Bildungsplanung.   136 Seiten   DM 9,00
Der hier vorgelegte Text ist das Ergebnis kollektiv-theoretisch-praktischer Wissenschaftskritik der letzten Jahre. Er soll dazu beitragen, die im politischen Denken nach der Studentenbewegung wieder eingebürgerte Fortschrittsgläubigkeit aufzusprengen:

Am Beispiel der Systemtheorie Luhmanns wird der tautologische Charakter des technischen Fortschritts diskutiert. Das funktional entleerte Bildungssystem dient der Stabilisierung eines legitimationslosen status quo, der banalen Selbsterhaltung des Systems, in dem Fortschritt nur noch ideologischen Charakter hat.

25 Jochen Link, Die Sensibilität der Theorie. Thesen gegen die Entpolitisierung der politischen Theorie. 176 S., DM 10,00

Politische Theorie ist Interpretation der Gesellschaft wie der Bedürfnisse der Gesellschaft; doch indem sie weiß, daß ihre Interpretationen der Entwicklung der Produktivkräfte unterworfen sind, ist sie zugleich auch Interpretation der Produktivkräfte.
Politische Theorie hat gleichermaßen zu tun mit der Wissenschaft von der Gesellschaft und mit gesellschaftlichen Erfahrungen, die sie zu objektivieren sucht; dabei arbeitet sie mit Begriffen. Ihre Begrifflichkeit sollte jedoch nicht dazu verwandt werden, gesellschaftliche Inhalte zu definieren; politische Theorie sollte Denkprozesse auslösen, die auf gesellschaftliche Inhalte gerichtet sind. Eine politische Theorie, die gleichermaßen die Erkenntnis des Nichtbegrifflichen fördert wie die Arbeit am Begriff zu ihrer Aufgabe macht, verdient diesen Namen.

26 Claus-Ivar Bolbrinker, Klassenanalyse als Organisationsfrage. Eine politische Kritik der Stamokap-Theorie.
168 Seiten   DM 12,00
Praxis und Organisation der traditionellen kommunistischen Parteien und der gegenwärtige Stand ihrer Kapitalismuskritik — die Stamokap-Theorie — stehen in einem inneren Zusammenhang; diesen Zusammenhang diskutiert der Autor anhand neuerer Theorien über die Arbeiterbewegung. Dabei wird deutlich, daß die Kommunisten stets nur Teile des Proletariats organisieren konnten; daß die traditionelle KP, abgekoppelt von Interessen und Bedürfnissen der Arbeiter zunehmend zur Fessel des Arbeiterkampfes wird.

focus verlag

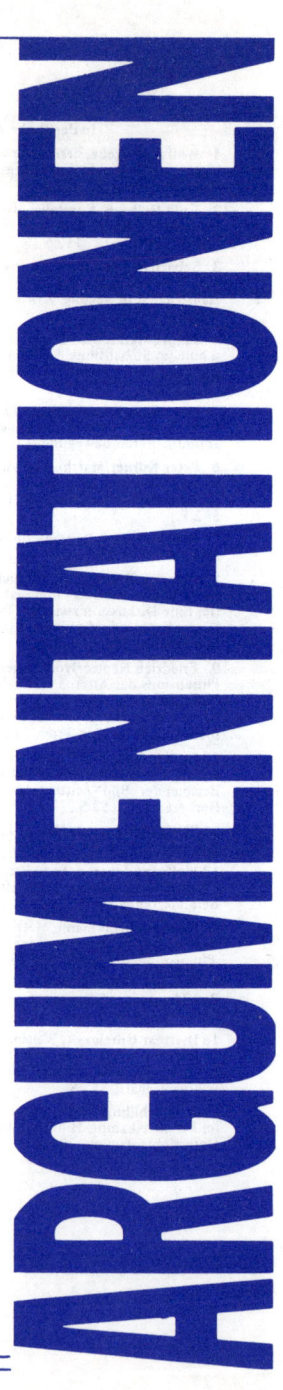